L'ŒUVRE

DES

ANTIJUIFS

D'ALGER

PRIX : 2 FRANCS

ALGER
IMPRIMERIE COMMERCIALE, 23, RUE BRUCE
1899

L'ŒUVRE

DES

ANTIJUIFS

D'ALGER

ALGER
IMPRIMERIE COMMERCIALE, 23, RUE BRUCE

1899

L'ŒUVRE

DES

ANTIJUIFS D'ALGER

PREMIÈRE PARTIE

Avant la promulgation du decret du 24 octobre 1870, plus connu sous le nom de *Décret Crémieux*, qui naturalisait en masse les Juifs indigènes de l'Algérie, ceux-ci, sujets français depuis le sénatus-consulte de 1865, réunissaient aux avantages précieux que leur conférait ce titre ceux que leur procurait leur statut personnel.

Ils avaient leurs représentants dans les Conseils généraux et dans les Assemblées municipales, leurs fils échappaient au service militaire, leurs femmes et leurs filles protégées par des mœurs irréprochables étaient accueillies avec empressement et déférence dans toutes les sociétés mondaines. Leurs cérémonies publiques ou intimes étaient honorées par la présence des autorités civiles et militaires : témoins l'installation du Consistoire central algérien en 1845, l'inauguration de la grande synagogue de la place Randon, les *Te Deum*, chantés à l'occasion de la fête nationale sous la Monarchie de Juillet, sous la République de 1848 et sous l'Empire. Je me souviens avoir vu, en 1866, Madame la duchesse de Mac-Mahon, Madame la générale Farre et nombre d'autres dames du grand monde assister au mariage religieux de Mlle A..., devenue femme F..., veuve aujourd'hui, et se mêler aux réjouissances qui font cortège à cette cérémonie.

Les cercles et les sociétés de toute nature étaient largement ouverts aux juifs indigènes qui s'étaient signalés par leur éducation, leur instruction et la correction de leur conduite et je ne serai démenti par personne, en affirmant que, depuis 30 ans qu'il m'est donné de les suivre dans tous les milieux où ils ont été reçus, pas un seul ne s'est rendu indigne de la faveur dont il avait été l'objet.

Pénétrés de reconnaissance envers la France qui, depuis la conquête, s'était montrée bienveillante, juste et généreuse à leur égard, les juifs algériens n'hésitèrent pas, dans les dernières années de l'Empire, à solliciter leur assimilation et à sacrifier au titre de citoyen français tous les bénéfices, appréciables à leur point de vue, que leur assurait le statut personnel : polygamie, divorce, droit d'aînesse, exemption du service militaire.

J'ai hâte d'ajouter que dans les hautes sphères de la société coloniale et jusque dans les Conseils du Gouvernement Métropolitain, leur désir d'être appelés à l'honneur de la naturalisation avait été devancé, ainsi que le prouvent victorieusement l'enquête faite par le comte Lehon, les délibérations des Conseils généraux et des Conseils municipaux, les débats si significatifs qui eurent lieu au Palais-Bourbon entre le député Crémieux et le Ministre de l'Intérieur, Emile Olivier. Le 19 juillet 1870, Emile Olivier, le dernier garde des sceaux sous l'Empire, répondant à une interpellation de Crémieux, alors député au Corps législatif, s'exprimait ainsi ;

« L'honorable M. Crémieux demande au Gouver-
» nement de vouloir bien naturaliser 40,000 Israélites
» algériens qui demandent à devenir citoyens français,
» car ils sont déjà Français. Je réponds à l'honorable
» M. Crémieux que *le Gouvernement désire natu-*
» *raliser les Israélites,* seulement il est arrêté par
» une question de droit ; la naturalisation peut-elle

» se faire en vertu d'un décret ou exige-t-elle une loi?
« Si l'honorable M. Crémieux croit qu'un décret » suffit, son opinion de jurisconsulte a toujours du » poids et elle en aura un grand dans nos décisions. » Je le répète, ce qui nous arrête, c'est uniquement » une question de forme (*Très bien, très bien*). »

Les vœux dont nous venons de parler, fortement exprimés par les trois Consistoires réunis en Congrès à Alger, transmis au Consistoire central de France et puissamment soutenus par cette haute administration, furent exaucés par la délégation du Gouvernement, de la défense nationale qui rendit, le 24 octobre 1870, le décret dont il vient d'être parlé et sur lequel nous aurons à revenir.

A partir de cette époque et jusqu'en 1884, rien ne paraissait avoir modifié l'état des esprits en Algérie à l'égard des 50,000 nouveaux citoyens français. Ces derniers, heureux et fiers du titre de noblesse qui leur avait été octroyé, s'efforçaient de s'en rendre dignes par leur fidélité à la France, par leur dévouement à la République et par leur empressement à accomplir tous les devoirs que leur imposait leur admission daas la grande et noble famille française.

Pendant les dix années qui suivirent les malheurs de la Patrie, l'attitude politique des juifs algériens fut telle que dans toutes les élections qui se sont succédé, départementales ou communales, ils avaient leur place marquée sur les listes de candidats, d'abord, dans les Conseils généraux ou municipaux, ensuite.

En 1881, une scission se produit dans le parti républicain qui, jusqu'alors, avait formé un bloc contre lequel étaient venues se briser toutes les attaques et toutes les entreprises de la réaction. Les juifs ne s'étaient pas laissé entamer, jusque-là, par les ennemis de la République et avaient constamment voté pour les candidats du Gouvernement. Le schisme dont nous parlons provenait de l'antagonisme entre les violents et les modérés du parti, c'est-à-dire entre les radicaux d'alors et les opportunistes.

Les électeurs juifs, ennemis de toutes les violences, se séparèrent des radicaux. A partir de ce moment, anathème sur le décret Crémieux et haine aux juifs. Cette haine que vint exaspérer la défaite des radicaux, se traduira, en 1884, à la veille d'une nouvelle campagne électorale, par une émeute dans la rue, par le pillage et les violences dont nombre d'israélites furent les victimes.

En 1889, autre période électorale précédée, accompagnée et suivie par les injures et les calomnies les plus odieuses, par des placards incendiaires s'étalant cyniquement aux quatres coins de la ville et souillant jusqu'aux monuments publics.

En 1893, répétition des campagnes antérieures avec leurs accusations et les violences de la presse et des réunions publiques.

Comme en le voit, l'antisémitisme s'est manifesté à Alger longtemps avant l'œuvre néfaste de Drumont en France. Il a pris sa source, non, dans les méfaits que l'on se plaît à imputer aux Juifs indigènes, mais dans des compétitions électorales. Notre opinion se trouve pleinement confirmée par l'article suivant que nous empruntons au journal le *Tell*, du 10 août 1898, sous la signature « Aumerat »,

---

QUESTION ÉLECTORALE

» Personne n'ignore plus, aujourd'hui, que l'anti-sémitisme en Algérie, n'a jamais été et n'est encore qu'une question purement électorale. Il n'y avait pas d'anti-sémites en Algérie avant le décret du 24 octobre 1870, parce que, pendant les quarante années qui venaient de s'écouler, nous n'avions pas eu en Algérie la jouissance de nos droits politiques ; nous n'envoyions ni députés à la Chambre, ni sénateurs au Sénat ; il n'y avait que deux ans à peine que les Conseils municipaux de quelques communes procédaient de l'élection, et quant aux membres de nos Conseils généraux, c'étaient au Gouverneur qu'ils devaient leur nomination ; il en était de même pour nos Chambres de commerce et nos Tribunaux consulaires ; on ne trouvait pas mauvais que certains juifs se fussent enrichis par leur industrie, d'autant plus que les bénéfices qu'ils réalisaient, étaient employés en constructions urbaines et rurales et avaient procuré ainsi à nos ouvriers du travail, ce qui, au point de vue économique, valaient mieux dans l'intérêt du pays, que le procédé de l'enfouissement du numéraire pratiqué par les Arabes, ou l'exportation de ce numéraire en Europe, ainsi que le faisaient et que le font encore quelques Européens.

» On ne connaissait pas alors les troubles anti-sémitiques, il n'était pas venu à l'idée d'aucun Français, de provoquer des manifestations amenant, avec le concours des indigènes, le pillage des boutiques, le sac des synagogues et les scènes de désordres dont nous sommes depuis quelque temps les témoins attristés ; l'entente la plus cordiable régnait entre les deux races, les colons français constataient avec satisfaction, les efforts que faisaient les juifs pour s'assimiler à nous ; le grand nombre des enfants qui fréquentaient nos écoles primaires et secondaires ; leur empressement à venir au secours des victimes dans les calamités publiques, par le nombre et l'importance de leurs souscriptions. Aussi, et avant même la proclamation de la République, la naturalisation des Israélites était demandée par la population française et même musulmane; la naturalisation collective était même indiquée dans les programmes électoraux, et lors des élections, dans les derniers jours de l'Empire, en vertu du décret du 11 juin 1870, les Candidats au Conseil général, eurent soin d'insérer dans leurs professions de foi que, s'ils étaient élus, ils voteraient un nouveau vœu pour la naturalisation collective des Israélites.

» Mais la naturalisation collective devait amener par conséquence naturelle, l'augmentation du nombre des électeurs.

» Cette conséquence ne pouvait effrayer les républicains de 1870 ; ils pouvaient croire que les nouveaux électeurs, reconnaissants envers le Gouvernement républicain qui leur avait conféré le titre de citoyen français, ne voteraient pas pour des bonapartistes, et moins encore pour des cléricaux ; c'est en effet ce qui arriva ; les Israélites votèrent pour les candidats de la liste républicaine radicale, laquelle comprenait A. Crémieux. C'est alors que naquit la question électorale, c'est-à-dire l'opposition au décret Crémieux ; l'abrogation en fut demandée, non par les républicains radicaux qui étaient bien loin d'être anti-sémites, mais par les bonapartistes et cléricaux de l'époque qui avaient été battus dans les élections.

» Aujourd'hui, c'est autre chose. Certes les Israélites n'ont jamais cessé de voter pour les républicains aussi bien dans le département d'Alger que dans ceux d'Oran ou de Constantine ; mais les radicaux-socialistes qui ne sont plus aujourd'hui anti-cléricaux mais qui sont devenus anti-juifs, leur reprochent à tort ou à raison de ne pas considérer comme sérieux certains candidats qu'on leur a présentés comme radicaux et de leur préférer des républicains éprouvés comme les Jacques, les Etienne, les Mauguin, les Thomson, etc., qui sont, paraît-il, un peu moins socialistes que les Bariat, les Broussais et les Morinaud.

» Et voilà pourquoi les radicaux-socialistes de 1897 imitant les cléricaux de 1870 avec lesquels d'ailleurs ils ont fait alliance, se proclament anti-juifs et demandent l'abrogation du décret Crémieux.

» Pure question électorale, car ces Messieurs n'ignorent pas que cette abrogation n'aurait d'autre effet que de priver les Israélites des droits électoraux, en même temps qu'elle les dispenserait du service militaire.

» C'est pourquoi les radicaux antijuifs du Conseil municipal d'Oran comprenant l'impossibilité de retirer une naturalisation qui date déjà de 27 ans, ont émis le vœu grotesque de suspendre les droits électoraux aux Français professant la religion juive jusqu'à la sixième génération.

« AUMERAT ».

Les élections de 1898 avaient été préparées de longue main, escomptées et exploitées par un jeune agitateur, hier encore Italien, devenu Français, *sive volente, sive nolente*, de par la loi de 1889 sur la naturalisation des enfants nés en France de parents étrangers. Ce jeune homme qui s'était compromis dans les manisfestations auxquelles avait donné lieu, quelques mois auparavant, la nomination d'un professeur israélite à l'Ecole de Droit, avait été exclu par le Conseil de l'Instruction publique de toutes les facultés de France et d'Algérie, pendant une période de deux années.

Inde iræ! inde la création du brûlot l'*Antijuif*, dont le 1er numéro, amère ironie, parut le 14 juillet 1897. Pour justifier son titre et la haine que la condamnation qu'il venait d'encourir lui avait fait vouer aux Israélites, il va se livrer contre eux aux accusations les plus abominables, aux mensonges les plus audacieux, aux fausses nouvelles, aux calomnies, aux diffamations les plus cyniques. Personne ne trouve grâce devant lui, ni les enfants, ni les vieillards, ni les mères de famille, ni les jeunes filles, ni les ouvriers, ni les miséreux.

Dans un style que la langue française est impuissante à qualifier, il se révèle à la fois Machiavel, Loriquet et Loyola. Pour l'édification de ceux qui nous liront et pour leur permettre d'apprécier les troubles dont Alger a été le théâtre et de flétrir ceux qui les ont provoqués, nous livrons à la publicité et à l'indignation des honnêtes gens de tous les cultes, les élucubrations à la fois répugnantes et incendiaires auxquelles l'*Antijuif* se livre depuis de longs mois. Hâtons-nous d'ajouter qu'elles ne sont pas toujours restées impunies, mais les condamnations encourues, quelques nombreuses qu'elles aient été, ne paraissent pas avoir calmé cet histérique de la diffamation et du scandale, puisqu'il continue son œuvre de haine et de délation.

Dans cette guerre au couteau, implacable, féroce, à laquelle la France si tolérante et si généreuse ne croirait pas si les faits les plus douloureux n'étaient pas là pour en affirmer la triste et honteuse réalité, l'*Antijuif* a eu pour alliés, bien dignes de lui, plusieurs journaux de la localité, parmi lesquels s'est particulièrement distingué le *Télégramme*, triste et fragile épave du dernier bateau que le Gouverneur avait monté aux Algériens et qui l'a conduit à Washington.

L'attitude et le langage du *Télégramme* dans ces derniers temps ont eu cela de déconcertant qu'après avoir malmené l'*Antijuif* et son candidat aux élections législatives, mieux *éclairé*, sans doute, il s'est jeté à corps perdu dans la bagarre électorale, marchant au doigt et à l'œil du Moniteur de l'Antisémitisme et faisant assaut avec lui d'attaques haineuses, de dénonciations basses et viles, d'espionnage révoltant, de menaces, d'excitations et de provocations que nous avons le devoir d'enregistrer pour servir à l'histoire et à clouer leurs auteurs au pilori de l'opinion publique.

En dehors de ces appels au pillage et au meurtre, nous pourrions citer à l'infini les articles extravagants de journaux qui, à Oran, à Constantine, à Mostaganem, à Sétif, etc., pour ne pas être de reste avec leurs congénères d'Alger, renchérissaient sur tous les actes de cannibalisme conseillés et prêchés par ces derniers. Nous ne saurions mieux flétrir ces folliculaires ivres de carnage et de sang juif, que ne l'a fait le journal parisien *Les Droits de l'Homme,* dans un article où il flagelle de main de maître la presse antisémite de France et d'Algérie.

Voici cet article :

LA PRESSE ANTISÉMITE

» L'exploitation de la vertu et du patriotisme a toujours été métier favori des grands escrocs. La régénération des mœurs publiques est, depuis les temps les plus anciens, l'industrie lucrative des plus audacieux forbans. La chasse aux vices et aux abus est depuis la création du monde, le grand chemin par où tous les ruffians courent aux honneurs et aux richesses.

» Sous tous les régimes, on a vu les pires malfaiteurs se spécialiser dans le sauvetage de la religion et de l'Etat et les plus noirs scélérats faire profession de venger la morale outragée. Depuis les sycophantes d'Athènes jusqu'aux antisémites modernes, tous les coquins ont toujours monté à l'assaut de la fortune d'autrui au nom du Ciel et de la Patrie. Tous les crimes réunis n'ont jamais engraissé autant de chenapans que la seule prédication de l'honnêteté.

» L'histoire de l'hypocrisie est l'histoire même du monde. Partout où un peuple volage a été prompt à croire aux calomnies, l'amour du bien public a été un prétexte aux filous pour dépouiller les honnêtes gens. Dans tous les Etats, on a vu les plus méprisables malandrins s'enrichir de la dénonciation comme d'autres du travail de leurs mains. Dans toutes les républiques, l'envieuse racaille des impuissants n'a imaginé, pour prospérer, que d'injurier, d'accuser, de salir et de vilipendier. Ce fléau n'a pas fait son apparition dans le monde avec les antisémites : de tous temps on a vu de pieuses associations de détrousseurs publics, en des élucubrations débordantes de mensonges et de haine, prostituer la vertu et la religion à leurs cupidités secrètes et à leurs convoitises privées.

» La circonstance particulière à notre troisième République est qu'aujourd'hui tous les ruffians de la vertu opèrent dans un journalisme spécial, régénérateur de la foi et de la patrie qui, il y a dix ans, a poussé comme ulcère sur notre grande et glorieuse presse française.

» Une abominable tourbe de plumitifs, mélange de rhéteurs et de poissardes, de ratés et de filous, tranchant impudemment du savant et du saint avec cet aplomb spécial que donnent toute sottise et toute scélératesse, ne vit que d'insulter en d'immondes pamphlets les honnêtes gens trop lents à ouvrir leurs caisses. Toute une armée de lâches calomniateurs a pour unique profession d'aligner des infamies contre les personnages dont elle espère une rançon. Le premier coquin venu, dès qu'il a pu forcer l'entrée d'une des gazettes du patriotisme, dispose de l'honneur et de la fortune des citoyens les plus respectables ; quel qu'ait été son passé, quels que soient son infamie présente, le scandale de sa vie, le cynisme de ces méfaits, l'abjection de toute sa personne, il se refait une virginité en déchirant et vilipendant en ses écrits vertueux tout ceux qui n'ont pu acheter sa complicité ou son silence.

» A la fois lâches et insolents, abjects et hautains, rampants et vaniteux, hardis à tous les crimes, osant tout attaquer, n'ayant jamais connu aucun scrupule, ces écumeurs de la presse ont tout courbé sous eux. Ils sont devenus la terreur d'une époque dont l'ignominieuse lâcheté stupéfiera toutes les générations futures.

» Aussi peut-on croire que le métier a du succès et attire les amateurs. Tout ce qui se croit victime de la destinée, tout ce qui se plaint de sa place et de sa part, de l'injustice du ciel et de l'indifférence des hommes cherche, pour se refaire et se grandir, une trahison à publier, un honnête homme à accuser, un bon citoyen à perdre.

« Tous les joueurs ruinés, tous les viveurs perdus, tous les aventuriers sombrés, tous les aigrefins que la société a mis au ban, se précipitent aujourd'hui sur cette ressource suprême et lucrative de sauver chaque jour la patrie dans quelque feuille de sacristie puant le scandale et le fiel. Qu'un filou soit trop pressé par ses victimes, qu'il manque d'argent pour les filles, qu'il ait été surpris à tricher au jeu, ou convaincu d'un méfait quelconque, immédiatement il va grossir la bande des hurleurs patriotiques qui tonnent contre les rapines des juifs, tempêtent contre la corruption du temps, pleurent sur la décadence de la France et vomissent chaque jour des torrents d'insultes contre les citoyens coupables de cacher leur argent.

» Et telle est l'anarchie où nous vivons que les meilleurs et les plus purs des Français n'ont plus aucune protection contre les outrages les plus grossiers et les accusations les plus monstrueuses. A mesure que croît l'audace de tous ces malandrins, la loi se fait plus hésitante, le juge plus tremblant, le tribunal plus timide.

» Nous nous consolerions des exploits de cette racaille par l'idée qu'elle fut éternelle, qu'elle a traversé les siècles comme la lèpre d'Orient, immuable en son existence et en ses manifestations, si nous n'étions humiliés par la pensée qu'à nulle autre époque elle n'a triomphé avec cette insolence et cette impunité. Tel est l'avilissement de la conscience publique que nul n'a encore osé se lever pour flétrir ces coquins, les flageller, imprimer sur leurs faces, en soufflets répétés, les marques de leur infâmie.

» A Athènes, Aristophane arracha en se jouant leurs masques aux sycophantes et Isocrate trouva contre eux des flétrissures égales à leur objection. Les Romains écrasèrent du pied les bandes de Claudius et de Catilina ; Tacite marqua d'un fer rouge la tourbe des délateurs, et Juvénal fustigea de sa verve implacable « l'infâme cloaque de la bande vertueuse qui, d'une voix d'Hercule, tonne contre les vices et, le nom des dieux sur les lèvres, court se prostituer. »

» Seule notre troisième République se laisse impunément souiller et dévorer par cette vermine, stupéfaite elle-même de son facile triomphe et dont toute l'audace vient de notre insondable et nauséeuse lâcheté.

« LE PIC. »

Des articles qui précèdent, des considérations auxquelles se livrent en Algérie les publicistes atteints de rage antisémitique, du récit des troubles qu'on trouvera plus loin, il résulte que les passions désordonnées déchaînées contre les Juifs indigènes ont pour causes :

1° Le décret Crémieux et les conséquences qu'on lui attribue : Insurrection arabe en 1871 ; adultération du suffrage universel ; envahissement de l'administration, de la magistrature, des carrières libérales ; 2° l'usure ; 3° les faillites ; 4° les fortunes juives ; 5° le défaut de patriotisme.

Nous consacrerons un paragraphe spécial à chacun de ces griefs.

---

§ 1er. — LE DÉCRET CRÉMIEUX

Depuis plus d'un quart de siècle, la mauvaise foi s'attaque à cette mesure législative dont nous avons indiqué plus haut la genèse. Il ne sera pas inutile d'ajouter qu'elle a été accueillie à Alger avec une faveur marquée par tout ce que la grande cité comptait, à cette époque, de Républicains éprouvés. Lélièvre, successivement député et sénateur, Warnier, d'abord Préfet, puis député, Basset, alors directeur de la *Solidarité*, Flasselière, le chef incontesté du parti républicain, Emile Thuillier, rédacteur en chef de l'*Algérie Française*, Génella, rédacteur du *Démocrate*, Charles Marchal, déjà publiciste, aujourd'hui député antisémite ! consacrèrent leur talent et l'autorité dont ils jouissaient à la défense du décret et de ceux qui en étaient les heureux bénéficiaires. La *Solidarité* des années 1870-1871 contient à ce sujet des documents nombreux et importants qui, reproduits aujourd'hui, feraient éclater au grand jour les honteuses palinodies de ceux qui ont survécu à leurs écrits.

Depuis, non seulement on a crié haro sur Crémieux et ses coreligionnaires algériens, mais encore des folliculaires stipendiés ou aveuglés par leur haine de sectaires, en sont arrivés à affirmer publiquement que le décret du 24 octobre 1870 est apocryphe et faux ! Crémieux avait, sans doute, imité frauduleusement les signatures de Gambetta, de l'amiral Fourichon et de Glais-Bizoin et fait ouvrir subrepticement à son œuvre criminelle les colonnes de l'*Officiel*, du Bulletin du Gouvernement général, de tous les journaux et des recueils de lois de l'époque !

Si des affirmations aussi impudentes méritaient d'être démenties, il nous suffirait de dire que le décret du 24 octobre 1870 avait une existence si réelle qu'il a provoqué celui du 7 octobre 1871 prescrivant les formalités à remplir par les Israélites naturalisés pour pouvoir exercer leurs droits électoraux.

Nous pourrions ajouter que si ce décret n'avait pas été valablement rendu et régulièrement promulgué, sans parler de sa révision qui se serait imposée, il ne serait pas, depuis 28 ans, en butte aux attaques passionnées dont il est chaque jour l'objet.

Au surplus, il est permis de se demander, et la réponse ne saurait être douteuse, pourquoi ce décret serait moins authentiquement légal que tous ceux que la délégation de la Défense Nationale a édictés à Tours, le même jour 24 octobre 1870, notamment celui qui substitue le régime civil au régime militaire et celui qui institue le jury criminel en Algérie.

§ 2. - L'INSURRECTION DES ARABES

EN 1871

Ceux qui, comme nous, ont vu naître, se développer et s'éteindre la révolte des Arabes en 1871, savent à merveille à quelles causes il faut l'attribuer. Les lamentables désastres de la France, notre armée vaincue et décimée, malgré l'héroïsme de nos soldats, l'Algérie restée presque sans défense par le départ des troupes, les désordres inséparables des Révolutions, tous ces faits colportés de gourbi en gourbi, exagérés à plaisir et commentés avec passion par les marabouts et les fanatiques des confréries et des zaouïa, avaient réveillé chez les Arabes l'espoir que le plus humble d'entre eux nourrit toujours de redevenir les maîtres du pays par un coup de force que semblaient favoriser le désarroi qui régnait partout et surtout le dépeuplement presque complet des garnisons.

L'effervescence qui, d'août 1870 à mars de l'année suivante, avait eu le temps de gagner de proche en proche toutes les tribus, avait été puissamment stimulée par les grands Chefs Arabes dont l'autorité, l'influence et le prestige avec les avantages nombreux et considérables attachés à leur commandement, avaient été irrémédiablement atteints par l'effondrement du régime militaire.

Qu'on lise les journaux de l'époque publiés sur un point quelconque de la colonie : si, quelle que fût leur ligne politique, ils ont pu différer sur les causes de cette formidable levée de boucliers, pas un écrivain n'a songé, un instant, à l'attribuer au décret Crémieux. La légende de l'insurrection provoquée par la naturalisation des Juifs algériens ne s'est produite que plus tard, inventée et propagée, d'abord, par tous les ennemis du Gouvernement établi, puis, reprise et soutenue avec plus de passion que de souci de la vérité par celui des partis républicains auquel les électeurs Juifs avaient commencé à fausser compagnie en 1884.

Cette légende que la mauvaise foi et des appétits inavouables s'efforcent d'accréditer encore de nos jours par le livre et le journal avait reçu une première et formidable atteinte par la déclaration suivante dont l'importance n'échappera pas à nos lecteurs. Cette déclaration est ainsi conçue :

« Louange à Dieu il est unique !

« Constantine, le 20 juin 1871.

« Le Consistoire Israélite de Constantine ayant » demandé aux notables parmi la population musul- » mane de cette ville de vouloir bien lui faire connaître » franchement qu'elle est leur opinion sur le décret » qui a eu pour effet la naturalisation des Israélites » de l'Algérie et ce qu'ils en pensent, si ce décret a » excité la colère et l'animosité dans les cœurs musul- » mans, ou non ;

» Nous soussignés lui avons répondu que cette » mesure n'a froissé personne et n'a excité les colè- » res de personne, parce qu'elle est rationnelle. Au » contraire, tous les gens bien sensés l'apprécient et » l'approuvent, alors surtout que la porte est ouverte » à tous les Arabes qui désirent eux-mêmes se faire » naturaliser.

» En foi de quoi nous avons apposé ci-dessus nos » signatures.

» *Signés :*

» Hamouda ben Cheik, Conseiller général et muni- » pal, propriétaire et cultivateur ;

» Hadj El Meki ben Zegoutha, ancien chef du » bureau arabe départemental, propriétaire et culti- » vateur ;

» Ali ben Mohamed El Amouchi, ancien adjoint au » Maire, Conseiller municipal, membre de la Chambre » de commerce, propriétaire et cultivateur ;

» Sliman Ben Sardou, mufti hanéfi, propriétaire et » cultivateur ;

» Ahmed Ben Bedjaoui, propriétaire et cultiva-
» teur ;
» Ahmed ben Mohamed Lounissi, propriétaire et
» cultivateur ;
» Mohamed Ben Metmathia Mokadem des Kanan
» de Djidjelli ;
» Taïeb Ben Mohamed ben Larbi, professeur,
» ancien cadi de Constantine, propriétaire ;
» Taïeb Ben Ouadfil, mufti maléki, propriétaire et
» cultivateur ;
» Mohamed ben Mustapha ben Djeloul, ancien
» bach-àdel, propriétaire et cultivateur ;
» El Mekki ben Badis, cadi à Constantine, cheva-
» lier de la Légion d'honneur, Conseiller général et
» municipal, propriétaire et cultivateur ;
» Ahmed ben Salah Bey, propriétaire et cultiva-
» teur ;
» Hadj El Arbi ben Koutchoukali, Conseiller muni-
» cipal, propriétaire et cultivateur ;
» Ali ben Hadj Messaoud El Ammouchi, ancien
Conseiller municipal, propriétaire et cultivateur ;
» Ahmed ben Djelloul, ancien cadi, Conseiller gé-
» néral, propriétaire et cultivateur ;
» Mohamed ben Bedjaoui, propriétaire et cultiva-
» teur ;
» Mustapha ben Ahmed Baïs, ancien cadi de Mi-
» lah ;
» Ahmed ben Medjouba, propriétaire et cultiva-
» teur ;
» Allaoua ben Sassi, assesseur au tribunal de pre-
» mière instance, Conseiller municipal ;
» Hadj Mohamed Srir ben Koutchenkali, assesseur
» au Tribunal de première instance ;
» Ali ben Bahamed, khalifa des Haractas, comman-
» deur de la Légion d'honneur. »

Cette légende aurait reçu une nouvelle et grave atteinte lors des nombreux procès criminels qui avaient suivi le mouvement insurrectionnel.

En effet, des centaines d'accusés appartenant à toutes les classes du monde musulman, Bach-Agha, Agha, Marabouts, Caïds, Cheiks, avaient eu à répondre devant la Cour d'assises de la participation qu'ils avaient prise dans les crimes, commis pendant la révolte. Si la naturalisation des juifs a été la cause du soulèvement, nous allons voir les accusés ou leurs défenseurs s'en prévaloir devant les Cours d'assises d'Alger et de Constantine comme d'une excuse plus ou moins légitime, ou à tout le moins, comme d'un moyen d'atténuation des peines à encourir.

Froissés dans leur amour propre, dans leur orgueil national, dans leur dignité personnelle, ils n'hésiteront pas à soumettre à l'appréciation souveraine des jurés au milieu desquels n'a pas siégé un seul Juif indigène, l'humiliation profonde que leur a fait éprouver la faveur accordée à leurs ennemis séculaires qui, autrefois leurs vassaux, pour ne pas dire leurs esclaves, venaient d'obtenir sur eux la supériorité qu'entraîne avec lui le titre de citoyen français.

Eh bien ! cette attitude et ce langage qui eussent été naturels et logiques si le décret du 24 octobre 1870 avait eu les effets que les détracteurs des Juifs lui attribuent, pas un seul des innombrables accusés ne les a tenus ni au cours des informations ni devant le jury.

A l'appui de cette affirmation, nous ne saurions mieux faire que de reproduire par extraits l'acte d'accusation dressé par M. le Procureur général d'Alger dans l'affaire poursuivie devant le jury de Constantine contre les grands chefs et leurs lieutenants qui avaient suivi l'étendard de la révolte déployé par Si Mokrani.

Cet acte d'accusation est ainsi conçu :

COUR D'APPEL D'ALGER

PARQUET

ASSISES DU DÉPARTEMENT DE CONSTANTINE

ACTE D'ACCUSATION

Le Procureur général près la Cour d'appel d'Alger, chevalier de la Légion d'honneur ;

Expose que l'insurrection qui a désolé l'Algérie en 1871 a un caractère spécial ; c'est à proprement parler la révolte des chefs les plus comblés par la France ayant pour but systématique et prémédité d'anéantir la colonisation dans le présent et dans l'avenir et de rendre impossible l'établissement d'une administration régulière civile. Ils ont profité des difficultés dans lesquelles la France se débattait pour contraindre les populations placées sous leurs ordres à se soulever, et l'on vit pour la première fois les Arabes et les Kabyles réunis dans une insurrection commune.

Le petit village de Bordj-bou-Arréridj, théâtre des premières dévastations des insurgés indigènes est située à 72 kilomètres de Sétif, au milieu de la tribu des Hachems.

Si Mohamed ben el Hadj Ahmed el Mokrani était depuis plusieurs années caïd de cette tribu. Pour augmenter son prestige et sans doute dans l'espoir d'en faire un serviteur plus dévoué à la France, on avait nommé cet indigène bach-agha de la Medjana.

L'influence du bach-agha était grande ; honoré de

l'amitié de plusieurs généraux, hôte habituel des fêtes de Compiègne, exerçant son commandement sur des tribus considérables, il s'était affranchi presque complètement de l'autorité du bureau arabe de Bordj.

Insensiblement, à raison de la haute position qui lui était faite et de ses protestations de dévouement à la France, les chefs militaires n'exerçaient qu'un contrôle superficiel sur ses actes. Pouvait-on s'arrêter à la pensée que cet homme qui devait tant à la France pourrait la trahir un jour ?

Cette position était réellement unique en Algérie. Le bach-agha se considérait comme un des principaux représentants du régime militaire et envisageait sa personnalité comme l'affirmation même de ce régime. Lors du vote du Corps législatif du 9 mars 1870, M. le maréchal de Mac-Mahon ayant donné sa démission de Gouverneur général, le bach-agha offrit aussitôt la sienne.

Sur ces entrefaites, un décret du 3 septembre 1870 institua un commissariat civil à Bordj-bou-Arréridj.

Cette création indisposa vivement le bach-agha.

Il comprit qu'elle impliquait dans un avenir plus ou moins éloigné le développement de la colonisation et l'effacement de son rôle politique.

La proclamation de la République augmenta ses inquiétudes.

Il disait à qui voulait l'entendre : « — Je ne me soumettrai jamais à un gouvernement civil ».

Le décret du 24 décembre 1870 qui englobait dans le territoire civil une grande partie de son commandement le trouva dans ces dispositions d'esprit. — « J'accepterai tout d'un homme portant un sabre, dût-il m'en frapper. » Telle était la situation politique de la Medjana.

Jusqu'alors la Kabylie était restée daus une tranquillité apparente, mais elle était minée déjà par les agissements de Mokrani.

Son intermédiaire naturel était le bach-agha de Chellala, Ben Ali Chérif.

Mohamed Saïd ben Ali Chérif, descendant d'un marabout vénéré, avait eu tout d'abord une influence prépondérante. On se rendit en foule à sa zaouïa pour lui apporter la dîme et des aumônes. Mais depuis quelque temps il avait perdu une partie de son prestige religieux, et les fidèles désertaient la mosquée de Chellata pour porter leurs offrandes à Seddouk.

Dans ce village voisin de Chellata, vivait un homme de naissance obscure Mohamed Amzian ben Ali bel Haddad (fils du forgeron), mais dont le titre de chef des Khouans de Sidi Abderrahman avait fait un personnage considérable.

Les Khouans forment une confrérie religieuse.

Le chef suprême de l'ordre porte le titre de cheikh, il délègue à des Mokaddems certains pouvoirs et notamment le droit d'imitation.

C'était une dangereuse association ayant des ramifications dans la Tunisie et le Maroc et entretenant dans nos tribus le plus ardent fanatisme.

Les deux fils de Cheikh el Haddad, M'ahmed et Azziz, jouissaient d'une grande influence : le premier, marabout fanatique avait trempé déjà dans l'insurrection de Bou Barla ; l'autre, plus jeune, débauché, dévoré d'ambition, était tout prêt à subir de malsaines influences, pourvu qu'on lui montrât comme objectif une satisfaction de vanité.

L'amoindrissement du prestige religieux de Ben Ali Chérif dont profitait Bel Haddad, avait fait naître entre ces deux personnages, une rivalité semblable à celle qui séparait les deux çofs de la Medjana.

Ben Ali Chérif, d'abord caïd, était devenu bach-agha. Il était le chef politique, Bel Haddad était le chef religieux.

A l'incitation du bach-agha de la Medjana, ben Ali Chérif demanda, pour se défendre au besoin contre Cheikh Haddad, des armes et des munitions.

Au mois de décembre 1870, la situation de la subdivision de Sétif était extrêmement critique.

Dans les derniers jours du mois de décembre, M. le général Augeraud fut appelé au commandement de la division de Constantine et M. le colonel Bonvalet au commandement de la subdivision de Sétif. Le général, qui espérait avoir éloigné le danger de l'explosion immédiate de la révolte par le rapprochement des deux çofs de la Medjana, donne des instructions au colonel Bonvalet, pour opérer le même rapprochement dans la Kabylie entre ben Ali Chérif et Cheikh Haddad. Les négociateurs principaux de cette réconciliation furent Saïd ben Abid, caïd du Sahel Guebli, le caïd ou Rabah, le caïd Ahmou ou Mehenna, des Beni Sliman, ben Djeddou, caïd des Beni Yalah, etc., et avant tout Mokrani, le bach-agha de la Medjana.

En se rendant à Akbou, Si Mohamed El Mokrani s'arrêta dans plusieurs localités, réunit les kebars (notables) des tribus pour les exciter à la révolte. Il leur disait : « — Les civils se sont concertés pour renverser les militaires. Ils ont travaillé à la ruine de l'empereur.

Ils n'ont de haine que contre les Arabes et les militaires. Ils veulent renverser les chefs indigènes comme les chefs militaires, afin d'avoir seuls l'administration du pays. Ils frapperont les Arabes d'impôts considérables, ils ne respecteront ni leurs mœurs ni leur religion, ils leur prendront leurs terres. Le régime militaire peut seul nous sauver ; il faut donc soutenir le régime militaire. »

Dans les premiers jours de mars, le bach-agha envoya sa démission.

Il n'avait, disait-il, conservé ses fonctions, que pour obéir au maréchal de Mac-Mahon, et il ne se considérait plus lié vis-à-vis du gouvernement civil.

Sa démission fut suivie le 14 mars d'une audacieuse déclaration de guerre... . . . .

Mohamed ben Haddad et son frère Saâdi, dont la participation à la révolte a déjà été indiquée, furent les premiers agents du bach-agha dans les Righas. Ahmed Bey ben Cheikh Messaoud, caïd des Ameur Daïra et Seghir bel Aroussi et à se lier à sa cause par un serment solennel.

Lors des évènements d'Aïn-Tagrout, le 18 avril, ils étaient encore dans nos rangs ; mais déjà leur attitude était des plus suspectes.

Ahmed ben Bey, Khouan de Sidi Abderrahman avait reçu une lettre de Cheik Haddad lui annonçant le soulèvement de toute la Kabylie, et contenant un appel à la guerre sainte : « La révolte est générale, disait-il à un témoin, le monde redevient musulman ! »

Toutefois il conservait une prudente réserve. Sa conduite équivoque n'échappait pas au colonel Bonvalet qui, pour l'amener à rester fidèle à la France, lui accorda toutes les faveurs qu'il sollicitait, Ahmed Bey continua à dissimuler, mais il finit par jeter le masque. De concert avec cinq caïds, les nommés Seghir bel Aroussi, Seghir ben Bourenan, Ahmed ben M'ahmed Abdallah, Abderrahman ben Gandous et Zarroug ben Henni ben Illes, il écrivit une lettre au caïd Donadi ben Kouscouss, pour le sommer de se joindre à la révolte. Donadi s'empressa d'envoyer au colonel Bonvalet cette lettre qui a reçu depuis ce nom de *lettre aux sept cachets*.

A ce même moment, Ahmed Bey écrivait au colonel pour protester de sa fidélité. Le lendemain 29 mai, il ne parut pas au camp français malgré sa promesse de s'y rendre avec les chefs d'insurgés.

Le colonel comprit alors qu'il avait été joué, et que Ahmed Bey n'avait cherché qu'à gagner le temps nécessaire pour réunir tous ses contingents.

Le 8 juin, le colonel Bonvalet revint aux Righas. Espérérant encore ramener Ahmed Bey comme Seghir bel Aroussi, il lui envoya Mohamed Tahar El Zitouni. Ahmed Bey répondit à cet émissaire qu'il était en mesure de résister : « Comment ! vous dites que nous serons écartés, ne savez-vous pas que toute l'Algérie s'est levée, que toute la Kabylie est en armes ? J'ai des lettres de Cheik Haddad et de Ben Ali Chérif ». Au mouvement de doute que fit Tahar el Zitouni, Ahmed Bey lui montra une lettre entièrement écrite par Bey Ali Chérif dans laquelle le Bach Agha de Chellata le félicitait d'avoir levé l'étendard de la révolte, et lui disait que chaque jour il priait pour le succès de ses armes sur la tombe de son ancêtre Ben Ali Chérif.

L'attaque comme la résistance des tribus ne pouvait être concentrée que par l'accord et la corporation des aghas, des caïds et des cheikhs : c'est ce que les faits ont démontré d'une manière éclatante.

Le bach-agha de la Medjana l'avait fort bien compris. Aussi, après l'entrevue d'Akbou avait-il réuni les chefs des tribus et des douars, et leur avait-il représenté l'avènement du régime civil comme devant entraîner la suppression de leurs commandements, et les réduire à la condition des fellahs.

En Kabylie, ces procédés ne pouvaient réussir : les instincts démocratiques de ce pays le rendent naturellement hostile aux chefs qui lui sont imposés. Pour agir sur les Kabyles, il fallait leur montrer leurs intérêts individuels menacés, surexciter les passions de chacun, réveiller le fanatisme religieux.

C'est ce que firent avec une profonde habileté Cheikh Azziz et son père Cheikh Haddad « Le régime civil va vous être appliqué et vous serez écrasés d'impôts. »

On vous prendra vos terres pour les donner aux Français victimes de la guerre avec la Prusse... » Et d'autre part, le vieux cheikh Haddad faisait répandre dans les tribus par ses mokaddems, que le prophète lui était apparu en songe et lui avait remis des cartouches et un drapeau. La révolte contre les fidèles était représentée comme l'obéissance à un ordre du Très-Haut, et des prédications ardentes commençaient sur les marchés.

Cheikh Haddad voulut avoir un marché auprès de sa résidence. On lui refusa l'autorisation de l'ouvrir, il passa outre. Dès les premiers jours, rompant avec toutes ses habitudes, il sortit de la cellule où il recevait les hommages des fidèles et se rendit à la mosquée de Seddouk, se montrant en public aux yeux des Kabyles émerveillés et fanatisés. Puis, leur donnant son bâton : « C'en est fait des Français, disait-il, avec ce bâton vous n'avez plus rien à craindre.

Plantez-le sur la place de Bougie et vous jetterez sans peine les Français à la mer ! »...............

De la province de Constantine où elle a pris naissance, l'insurrection gagna presque dès son début, la province d'Alger.

Les cercles d'Aumale, de Tizi-Ouzou et de Dra-el-Mizan ont été le théâtre de faits identiques à ceux qui viennent d'être examinés.

Il importait d'en rattacher les incidents à ceux de la province de Constantine à cause des liens intimes et de la pensée commune qui unissaient les chefs du mouvement insurrectionnel et de conserver à ce grand drame sa physionomie complète.

Ali ben Mohamed ou Kassi, ex-caïd de Tizi-Ouzou, chevalier de la Légion d'honneur, membre du Conseil général de la province d'Alger, est le chef de la famille des Ouled ou Kassi, une des riches et des plus influentes de la Kabylie. Dès la conquête de ce pays, la famille des Ouled ou Kassi se rallia à la France et fournit sans interruption une série de chefs qui administrèrent le cercle de Tizi-Ouzou. Le grand'-père d'Ali, M'Hammed ou Kassi, deux de ses oncles, son père, ont été successivement bachs-aghas de ce cercle ; Ali a été ensuite caïd pendant six ans ; des fonctions qu'il a ainsi remplies lui est restée la désignation habituelle de Caïd Ali. La forme de l'administration indigène de la Kabylie ayant été changée, et les caïds ayant été remplacés par des amins électifs, Ali ou Kassi rentra dans la vie privée et ne s'occupa plus du moins en apparence, que de la gestion de ses vastes propriétés. Elles avaient été accrues par la munificence du gouvernement français ; une concession de 1.300 hectares des meilleures terres de la vallée de Sebaou avait été accordée aux Ouled ou Kassi par un décret du 26 Juillet 1866 ; une magnifique maison, bâtie avec les centimes additionnels, au village indigène de Tizi-Ouzou, leur avait été donnée en location pour une somme insignifiante de quatre francs par an. Il semblait donc que la reconnaissance non moins que les traditions de la famille des Ouled ou Kassi les rattachaient à jamais à la France. La conduite du caïd Ali et de ses cousins ne peut s'expliquer que par une ambition effrenée et l'espoir de reconquérir la position politique de leurs ancêtres.

Ali ou El Hadj Khalifa, l'un des deux chefs persécutés par le caïd Ali, dépose que tandis qu'il était caché dans les bois, il apprit par des amis que Ben Ali Chérif venait d'arriver au camp au milieu de l'allégresse générale.

Caïd Ali et les principaux chefs étaient allés lui faire visite : « Voyez, avait dit Ali ou Kaci aux Arabes, il n'y a plus de Français ! Ben Ali Chérif qui était dans les honneurs et dans le bien les abandonne et vient avec nous ». L'ex bach-agha avait répondu : « C'est vrai, les Français du Bordj sont les seuls qui restent ; quand je voudrai j'écrirai, au commandant du fort pour qu'il nous le rende immédiatement ».

Lorsqu'il comprit que la marche de la colonne Lallemand allait se porter du côté de Col des Beni-Aïcha au bordj de Tizi-Ouzou, Ali ou Kassi se préoccupa de s'assurer la clémence des vainqueurs ; il alla lui-même aux Ouled-Aïssa, près de Bordj-Ménaïel intimer aux frères Saïd et Moussa, fils du caïd Ahmed ou Mohamed, l'ordre de lui remettre les colons de Bordj-Ménaïel qu'ils avaient en leur pouvoir dans leur ferme. Il fit appuyer cet ordre par Mohamed Saïd et Mohamed Amokran, ses cousins, à la tête de ses contingents, et le 9 mai les colons passèrent des mains de Saïd et Moussa à celles d'Ali ou Kassi qui les entraîna à sa suite à Sikou-Meddour, à Tamda, à Djemaâ-Saridj, à Cheurfa et dans d'autres villages de la Kabylie où il fuyait les atteintes de la colonne Lallemand. Saïd et Moussa bien que ce dernier fut blessé, s'attachèrent au caïd Ali pour partager avec lui le bénéfice de la reddition des colons. Ils se soumirent le 28 juin à la mosquée de Bou-Béhir, en Kabylie, à M. le commandant Letellier, et ils lui remirent les 74 Européens qu'ils avaient si longtemps conservés comme ôtages.

En ce qui concerne Mohamed ben Ali Chérif, ex-bach-agha de Chellata, officier de la Légion d'honneur, membre du Conseil général de Constantine, quelques jours après du village de Tizi-Ouzou et l'investissement du Bordj, il vint trouver Ali ou Kaci dont il avait garanti au commandant Leblanc l'inébranlable fidélité à la France. Il fit dresser la tente à l'Oued-Médoua, à l'est et à 2 kilomètres du village, et cette tente devint immédiatement le quartier général des chefs.

Ali ou Kassi parcourait les villages, entrait dans les maisons disant : « *Il faut vous lever tous pour combattre les Français, nous les tuerons et nous deviendrons riches et indépendants. La guerre de Prusse a enlevé tous les soldats français !...* » Lors d'une fête donnée par le caïd Ali à Tamda, à l'occasion d'un mariage, quelques jours avant la révolte, il disait aux chefs réunis autour de lui : « Mokrani et Cheikh Haddad nous donnent l'exemple, imitons-les sans crainte, les Français ont été détruits par les Prussiens ; ceux qui survivent sont épuisés et sans armes ; retournez dans vos villages, dites ces choses et organisez des çofs. » Ces discours étaient répétés dans les tribus par les notables et développés par les marabouts.

Telle était l'habitude d'Ali ou Kassi lorsqu'il reçut à Tizi-Ouzou, le 4 avril, la visite de Si Mohamed Saïd ben Ali Chérif, bach-agha de Chellata, qui se rendait d'Alger à son bordj d'Akbou, après avoir remis sa démission à M. le général Lallemand.

Ils allèrent tous deux visiter le bordj de Tizi-Ouzou. Le commandant Leblanc les reçut en présence de M. Woff, chef du bureau arabe. Ben Ali Chérif dit à M. Leblanc : « Vous êtes dans une situation difficile, il n'y a plus de pouvoirs réguliers en France surtout à Paris et à Marseille, ni même à Alger ; il vous faudrait cent mille hommes pour arrêter l'insurrection. » Il recommanda chaleureusement Ali ou Kassi au commandant, lui dit qu'il le considérait comme son fils, que ses ennemis l'accusaient à tort de conspiration qu'il était incapable de nous trahir.

M. Leblanc déclare que ce séjour, de ben Ali Chérif à Tamda, chez les Ouled ou Kassi, marque le moment à partir duquel les évènements se sont précipités avec une rapidité extraordinaire ; les menées des Ouled ou

Kassi n'étaient plus un mystère pour personne. Les prédications des marabouts atteignaient le dernier degré d'audace et de violence et indiquaient que l'heure était venue. »

A côté de ce document, trouveraient utilement leur place l'appel fait au fanatisne de ses coreligionnaires par le caïd Ben Mezrag qui a pris le commandement des troupes insurgées après la mort de son frère Mokrani et le mémoire rédigé pour sa défense par Si Azziz, l'un des plus puissants chefs religieux de la contrée. Le lecteur y verrait la preuve que ces deux personnages assignent à leur rébellion des motifs nombreux, puissants à leur point de vue, et que le décret Crémieux n'a été pour rien dans leur sinistre résolution.

Notre affirmation est encore et surtout corroborée par la déclaration faite à l'enquête sur les actes de la Délégation de Tours, par M. Lucet, ancien préfet de Constantine, ancien député, ancien avocat.

« Plusieurs fois devant la Cour d'assises de Cons-
» tantine, dit entre autre M. Lucet, j'ai fait poser la
» question à divers chefs indigènes accusés ou té-
» moins ou même à des officiers français et tous
» sans exception ont répondu que la naturalisation des
» Israélites n'avaient été pour rien dans les causes
» de l'insurrection. »

Nous ne négligerons pas ce détail qui a son importance, c'est que, nulle part, ni dans la Kabylie, ni en pays arabe et pendant toute la durée de l'insurrection, aucun juif indigène n'a été l'objet soit d'un acte de violence sur sa personne, soit d'un acte de spoliation.

Enfin la fameuse légende aurait reçu son coup de grâce en 1872 et il est à peine croyable qu'elle ait pu y survivre.

En 1872, Alger était appelée à élire deux députés en remplacement de Gambetta et de Garibaldi, l'un ayant opté pour un collège électoral de la Métropole et l'autre ayant décliné le mandat.

On était alors au lendemain de l'insurrection ; on en connaissait les causes et on en accusait si peu le décret

Crémieux que l'une des deux candidatures fut offerte à celui à qui l'on attribuait la paternité de ce décret, c'est-à-dire à Crémieux dont « l'œuvre criminelle a « failli coûter l'Algérie à la France ! » pour parler le langage des sacristies et des forbans d'une certaine presse.

Et Crémieux soutenu par tous les vieux républicains, et Crémieux devant qui Victor Hugo s'était noblement retiré, ce que ni François Coppée ni Drumont n'eussent certes pas fait, fut nommé député d'Alger, battant de plusieurs centaines de voix, Bertholon, devenu malgré lui le porte-drapeau des antisémites d'alors.

Enfin, un dernier argument qui démontrera plus victorieusement que tous ceux qui viennent d'être énumérés que l'insurrection de 1871 n'a pas eu pour cause le décret Crémieux, résulte de la lettre suivante écrite au général Augeraud par Si Mokrani, le grand chef qui a levé l'étendard de la révolte. Voici cette lettre :

« Je vous remercie de vos bonnes paroles. Je vous » remercie de la bonté que vous m'avez témoignée et » dont je garderai le meilleur souvenir, Mais je ne » puis que vous répondre une chose : *J'ai donné ma » démission au maréchal de Mac-Mahon qui l'a » acceptée.*

» Si j'ai continué à servir la France, c'est parce » qu'elle était en guerre avec la Prusse et que je n'ai » pas voulu augmenter les difficultés de la situation. » Aujourd'hui la paix est faite et j'entends jouir de » ma liberté. Vous le savez, je vous l'ai dit, je ne peux » accepter d'être l'agent du Gouvernement civil qui » m'accuse de parti-pris, et qui a déjà désigné mon » successeur. Cependant on verra plus tard si l'on a » raison d'agir ainsi et si c'est moi qui ai tort.

» Mes serviteurs sont arrêtés à Sétif et à Aumale » et partout l'on affirme que je suis insurgé, pour- » quoi ?

» Parce qu'on veut me condamner. Eh bien ! je » n'échange rien avec ces gens-là que des coups de » fusils et j'attendrai.

» J'écris à M. le commandant du Bordj, que je

» refuse mon mandat de février qu'il ait à se tenir sur » la défensive, car je m'apprête à combattre. Adieu.

Signé : MOHAMED BEN AHMED EL MOKRANI. »

Ce document prouve avec la dernière évidence que Mokrani a donné sa démission au Gouverneur Mac-Mahon, avant le 24 octobre 1870 et que sa fière et hautaine déclaration de guerre, postérieure au décret Crémieux, ne fait ni de près ni de loin, la moindre attention à la naturalisation des Juifs algériens.

§ 3. — LE DÉCRET CRÉMIEUX

ET LE

SUFFRAGE UNIVERSEL

Les Juifs, clament leurs calomniateurs, ont faussé la sincérité du suffrage universel en allant au scrutin comme un vil troupeau conduit par leurs consistoires et en faisant trafic de leurs bulletins de vote.

Ces deux affirmations dont l'une semble exclure l'autre, sont également fausses et mensongères. Elles n'ont été hasardées que le jour où, trompant les espérances des violents, le corps électoral juif a rompu avec eux pour apporter l'appoint de leurs voix au parti des modérés.

Cette ligne de conduite n'avait besoin, pour être adoptée et suivie, ni d'injonction des Consistoires ni de maquignonnage électoral.

En effet, depuis 1884, des candidats en présence, les uns se réclamaient des éternels principes des droits de l'homme et du citoyen et exprimaient dans leurs programmes des sentiments de tolérance, d'impartialité et d'égalité ; les autres, médiocrités ambitieuses et tapageuses, sectaires intransigeants, proclamaient dans tous les journaux à leur dévotion et affichaient à tous les coins de la ville leur mépris et leur haine pour les électeurs juifs dont il était de bon ton et de commande de répudier publiquement et par avance les suffrages.

Dans cette situation, le rôle des électeurs israélites était tout tracé. Les Consistoires n'avaient pas à intervenir et le candidat agréable n'avait point de voix juives à acheter : comme les chassepots de Mac-Mahon, les bulletins de vote *cachir*, comme on les appelle encore, partaient tout seuls et allaient frapper en pleine poitrine les insulteurs et les diffamateurs du judaïsme.

Ce que nous disons est si vrai, au moins en ce qui concerne Alger et le département, que, depuis 1884 jusqu'à ce jour, on a été impuissant à préciser un fait de pression électorale à charge du Consistoire ; on n'a pu relever et déférer à la justice répressive le moindre acte de corruption. Il en est de l'influence du Consistoire en temps d'élection et du trafic des votes juifs comme du décret Crémieux et de ses prétendues conséquences au regard des Arabes : c'est encore une légende audacieuse à laquelle se complaisent les vaincus du suffrage universel pour expliquer leur défaite.

Une seule fois, en 1889, si nous ne nous trompons, à l'occasion de l'élection du député d'Alger, quelques électeurs juifs indigènes, de pauvres diables qui avaient eu la naïveté d'apposer sur une feuille de papier blanc leur signature au-dessus de laquelle on leur faisait reconnaître, après coup, qu'ils avaient été payés pour voter en faveur du candidat soutenu par les Israélites, quelques malheureux électeurs, disons-nous, dénoncés par le candidat malheureux, furent l'objet de poursuites correctionnelles dont ce dernier n'a guère eu à se féliciter, car, reconnu lui-même coupable d'abus de blanc seing, il fut condamné pendant que ceux qu'il prétendait avoir été corrompus furent relaxés.

Nous ne saurions mieux terminer ce paragraphe qu'en indiquant par des chiffres qui ont été fournis à la tribune nationale sans rencontrer de contradiction, combien peu pèsent dans la balance électorale les voix des électeurs juifs algériens.

DÉPARTEMENT D'ALGER

Electeurs français. 34.693
Electeurs israélites 2.696

DÉPARTEMENT D'ORAN

Electeurs français. 22.934
Electeurs israélites..................... .. 3.625

DÉPARTEMENT DE CONSTANTINE

Electeurs français....... .... 24.049
Electeurs israélites..................... 1.418

(Ch. des Députés. — Séance du 19 février 1898).

---

§ 4. — ENVAHISSEMENT DES FONCTIONS PUBLIQUES

DES

CARRIÈRES LIBÉRALES

ET DES

Offices Ministériels, par les Juifs Indigènes

Depuis le decret Crémieux, les antisémites gémissent sur le sort réservé à leurs enfants : nos fils, disent-ils, voient toutes les carrières peuplées de Juifs indigènes qui leur ferment l'accès de l'administration, de la magistrature, du barreau, des offices ministériels, etc., etc.

Ce grief, autour duquel certaines feuilles et certaines revues mènent journellement grand tapage, dépasse en témérité l'affirmation faite naguère par la

Libre Parole et d'autres journaux *ejusdem farinae* que la France compte 36 préfets appartenant au culte de Moïse, 13 conseillers d'Etat, 12 conseillers à la Cour de Cassation où ne siège que M. Alphandéry et 10 conseillers à la Cour d'Appel de Paris qui ne comprend que 2 Israélites, MM. Berr et Durand.

En Algérie, il n'y a encore ni Gouverneur, ni Secrétaire général du Gouvernement, ni Préfet, ni Secrétaire général de la Préfecture, ni Administrateur, ni Administrateur-Adjoint, ni Trésorier-Payeur général, ni Directeur des Postes et Télégraphes, ni Conservateur des hypothèques, ni en général, un Directeur en chef d'un service public quelconque qui aient été ou qui soient Juifs algériens.

Pendant les 28 années qui nous séparent du 24 octobre 1870, la Cour et les Tribunaux du ressort ont été *envahis*, par *un seul* juge nommé à Blidah, M. Enos et par *un seul* juge de paix dans le département d'Oran, M. Ben Ichou.

Pas un Juif algérien n'a été appelé à occuper le poste de greffier soit à la Cour, soit des Tribunaux de première instance, soit des Tribunaux de Commerce.

Les défenseurs ou avoués d'appel et des tribunaux civils sont au nombre de 72...

Deux juifs indigènes seulement ont réussi, dans une période de plus d'un quart de siècle à se faire nommer, l'un, à la Cour et l'autre, d'abord à Bougie puis à Alger, il est inutile d'ajouter qu'ils honorent l'un et l'autre la compagnie à laquelle ils appartiennent.

L'Algérie compte 78 notaires et greffiers-notaires aux titres 1 et 2. Un seul juif issu de père indigène et de mère française, M. Raoul Lévy-Brahm, est parvenu à se faire titulariser après d'innombrables présentations basées sur une conduite irréprochable et les incontestables preuves d'aptitude données pendant de longues années de cléricature.

Les offices d'huissiers sont au nombre de 155.... douze à peine sont occupés par des Israélites indigènes.

Enfin pour clore la série des offices ministériels, nous dirons que les commissaires-priseurs et les courtiers maritimes sont tous Français et que sur les 119 interprètes près la Cour et les tribunaux et traducteurs assermentés 13 sont Juifs algériens.

Les barreaux de toute la colonie comptent environ 200 avocats, sur ce nombre 8 seulement sont Juifs indigènes.

A Alger et dans les communes suburbaines les médecins forment légion : ils sont tous Français, sauf quatre qui sont israélites algériens : le reste de la colonie est à peu près complètement dépourvu de médecins juifs indigènes.

S'il est vrai que rien ne soit plus brutal qu'un chiffre, il faut convenir que ceux que nous venons d'énumérer et qui défient toute contestation sérieuse font éclater la mauvaise foi des polémistes et des politiciens qui, pour surexciter les passions contre une classe de citoyens présentent ces derniers comme les accapareurs de toutes les fonctions lucratives dont l'accès serait ainsi rendu sinon impossible, du moins très difficile à des compétiteurs étrangers à la religion juive.

---

§ 5. — LES FORTUNES JUIVES

L'opulence des Juifs algériens est loin de répondre aux récriminations et aux convoitises des antisémites. A côté d'un nombre restreint de familles riches dont la fortune, grossie d'ailleurs à plaisir, repose sur les opérations commerciales ou immobilières les plus loyales et dont l'origine remonte à une époque où les spéculations de nombre de chrétiens ne le cédaient certes ni en audace, ni en résultats à celles qui sont si amèrement et si injustement reprochés aux Juifs.

A côté de ces quelques richards indigènes, disons-nous, quelles lamentables misères n'avons-nous pas à révéler ! Pour ne parler que d'Alger, dont la communauté juive passe généralement pour la plus riche, toutes les ressources dont dispose le Consistoire, celles qu'il tire de l'inépuisable charité des fidèles, suffisent à peine, en temps ordinaire, à satisfaire la faim des miséreux dont la longue et pitoyable théorie se déroule chaque semaine aux portes du bureau de bienfaisance israélite. Depuis les derniers troubles qui ont jeté sur le pavé des centaines d'ouvriers impitoyablement expulsés de leurs ateliers sous la féroce poussée d'énergumènes sans entrailles, le Consistoire, à bout de sacrifices, a dû se résigner à faire publiquement appel à la charité des Israélites de la Métropole pour pouvoir parer aux nouvelles et cruelles exigences de la situation. Que produira cet appel ? Combien de temps encore saigneront les plaies hideuses ouvertes par les farouches antisémites dont les cruautés semblent redoubler avec les ruines qu'ils sèment autour d'eux ? Nul ne le sait. Quoiqu'il en soit et quelque écho que puissent trouver en France les cris de famine poussés ici, la guerre, sans trêve et sans merci, déclarée et poursuivie contre toutes les classes de la société juive algérienne aura eu cela de répugnant et d'ignoble que, si elle a ébranlé sérieusement toutes les fortunes, toutes les situations et ruiné pour longtemps le petit commerce, les modestes boutiques en plein air, elle s'est abattue, implacable, meurtrière sur le prolétariat, sur les travailleurs, sur de pauvres ouvriers qui n'ont fait partie d'aucun syndicat, n'ont pris part à aucune lutte électorale et ne sont pas plus coupables de demander le pain quotidien au pays qui les a vu naître que ne le sont les Maltais, Mahonnais, Italiens et Espagnols qui se sont rués sur notre colonie pour y faire à l'élément français la guerre économique la plus redoutable et la plus désastreuse (1).

(1) D'une statistique toute récente et dont les données peuvent être considérées comme officielles, il résulte que la communauté israélite d'Alger est de 9 à 10,000 âmes ; que les pauvres que le bureau de bienfaisance secourait chaque semaine étaient de 600 familles environ avant les troubles et que depuis le mois de

Nous cherchons vainement chez les Juifs indigènes les grands fiefs domaniaux qui constituent la véritable fortune. Et si nous exceptons quelques rares détenteurs d'immeubles urbains ou ruraux, comme les Lévy-Bram, les Stora, les Jaïs, l'armateur Mardochée Lévy-Valensi, les Aboucaya, les Chaloum Lebhar, les Azoubib dont la probité et la loyauté sont attestées depuis un demi-siècle par les principales maisons de commerce et d'industrie de France et d'Angleterre, on peut à bon droit se demander où sont les odieux exploiteurs des colons et de l'Arabe, où sont les infâmes exploiteurs qui ont ruiné les humbles travailleurs de la terre, les petits propriétaires de la ville ou de la campagne.

Sans mettre un instant en doute l'honorabilité des personnes que nous allons désigner nommément, au hasard de la plume, et sans leur jeter à la face l'épithète injurieuse d'usurier qu'on prodigue si complaisamment et si gratuitement à tous les Juifs, nous poserons aux antisémites cette question : sont-ils juifs MM. Becker frères, dont les propriétés s'étendent de Palestro à Bouïra, M. de Malglaive, le richissime propriétaire de Marengo et des environs, M. Clément, d'Orléansville, M. Debonno, de Boufarick, M. Barnaud, de Cherchell, M. Ricci, de Blidah, M. Pellegri, de Sidi-Moussa, MM. Achiaque, Greck et Sitgès, d'Alger, dont les immeubles respectifs couvrent d'énormes surfaces?

Etaient-ils juifs les De Guiroy, les Sarlande, les

---

janvier dernier, ils sont de près de 1.200 familles sans compter les malheureux en assez grand nombre qui reçoivent des secours temporaires et les pères de familles peu aisés qui ne consentent à laisser leurs enfants suivre les cours professionnels de la Société *Le Travail*, que, parce que ceux-ci, en dehors de l'instruction qu'ils reçoivent et du métier qu'ils apprennent, touchent une indemnité hebdomadaire dont leurs parents profitent.

Si à cette triste clientèle du Comité de bienfaisance on ajoute les colporteurs, les modestes étalagistes en plein air, les marchands de bouteilles et les marchands de poissons, tous gens vivant au jour le jour, on se fera une idée assez exacte des « fortunes colossales » que les antisémites sont seuls à prêter aux Juifs d'Alger.

Sarlin, les Villenave, les Dessoliers, les Alcay, les Laperlier, les Vayssier et tant d'autres dont les noms nous échappent, mais dont les richesses terriennes sont de notoriété publique ?

A côté de ces considérables tenanciers du sol, les quelques maisons, les quelques parcelles, éparses par-ci par-là, possédées par des Juifs indigènes protestent avec plus d'énergie que nous ne saurions le faire contre les calomnies voulues des antisémites.

Telles sont les prouesses des chevaliers de l'antisémitisme algérien, tel est, dans ses grandes lignes, le bilan des troubles du mois de janvier dernier. Que Drumont s'en inspire pour ajouter à son livre « La France Juive », avec le scrupuleux respect de la vérité qui caractérise tous ses écrits, un chapitre qu'il consacrera à la ploutocratie juive en Algérie. Le partage des fortunes que le bon apôtre y prêcherait comme le corollaire de l'expulsion des Juifs, un de ses rêves les plus caressés, lui réserverait un cruel mécompte : la part qui lui reviendrait, fût-elle celle du lion, ne lui permettrait pas de tenter une seconde campagne électorale à Alger.

---

§ 6. — LE MANQUE DE PATRIOTISME

Le patriotisme se mesure aux sacrifices que les citoyens d'un même pays s'imposent pour contribuer à sa grandeur, à sa prospérité et à sa gloire, aux dévouements que sollicitent les calamités publiques, aux concours moral et matériel que comportent les œuvres d'intérêt général ou de philantropie. En temps de paix, la pierre de touche du patriotisme, c'est l'accomplissement rigoureux de tous les devoirs civiques et sociaux ; en temps de guerre, c'est l'abnégation de soi-même et le renoncement à tout pour maintenir intact et rehausser, si possible, l'honneur du Drapeau.

Depuis la conquête, l'Algérie a passé par des épreuves sans nombre et des plus cruelles : insurrections, sécheresses, famine, sauterelles, typhus ; aucun fléau ne lui a été épargné. Eh bien ! nous défions l'armée des antisémites tout entière de prouver, par un seul fait, quelqu'il soit, que, dans cette période de 68 années et pendant les désastres qui ont fondu sur la colonie, les Juifs algériens, de toute condition, de tout âge, de tout sexe, n'ont pas été à la hauteur des situations et rivalisé de zèle, de charité et de dévouement avec le reste des populations.

Nous pouvons affirmer également, sans crainte d'être démentis, que les institutions d'intérêt général, les établissements de charité, de bienfaisance, les œuvres de philhantropie n'ont jamais sollicité en vain, si tant est qu'on ait attendu leur appel, le concours financier, soit du Consistoire, soit des Membres de la Communauté.

Il nous est pénible de constater, à cette occasion, que, pendant que la générosité juive s'exerce en faveur des deshérités de tous les cultes, les libéralités chrétiennes envers les Israélites se font encore attendre.

Enfin, depuis leur naturalisation, les Juifs indigènes ont rempli consciencieusement tous les devoirs, toutes les obligations attachés à la qualité de citoyen et pris part à toutes les manifestations nationales, aux deuils de la Patrie et aux succès de notre brave et vaillante armée.

Si depuis 1870, ils n'ont pas manifesté leur bravoure militaire, c'est uniquement parce qu'elle n'a pas eu l'occasion de se faire éprouver.

La race juive, pour n'être pas foncièrement belliqueuse, ne manque cependant ni de courage ni de vaillance lorsqu'il s'agit de défendre la Patrie, le pays d'adoption, le foyer, la religion.

Et sans remonter jusqu'à l'époque des Macchabées, la conquête de l'Algérie nous fournit assez de faits et des faits assez éloquents pour que nous puissions affirmer, sans trop nous aventurer, que les Juifs algériens ne le cèdent pas en vertus guerrières à leurs coreligionnaires de France, dont la fidélité au Drapeau s'est affirmée et soutenue, depuis un siècle, sur tous les champs de bataille.

Pour ne pas être taxé de partialité et d'inexactitude, nous empruntons à M. Féraud, ancien interprète militaire principal de l'armée d'Afrique, mort ambassadeur à Tanger, les notes suivantes qu'il consacre aux interprètes juifs algériens dans l'ouvrage si précieux qu'il a publié sous le titre de : *Le Livre d'Or des Interprètes Algériens :*

DANINOS ABRAHAM

» Nommé guide interprète en 1830, il fut le plus » puissant auxiliaire de M. Torpin, alors commandant de la frégate-pilote, et ce fut, grâce à ses » connaissances approfondies et à son infatigable zèle » que M. Torpin put opérer des mouvements heureux, » mouiller sans hésitation devant certains points, » éviter des eaux dont il ignorait complètement la » perfidie des courants. En 1833, ce fut lui qui accompagna de Paris à Alger, la Commission d'enquête : » quatre années plus tard, par ordre du Ministre » de la Guerre, il accompagnait en France l'envoyé » d'Abdelkader. Chevalier de la Légion d'Alger.

AYAS LÉON

» Après la bataille de Staouéli, il parvint à entrer » en pourparlers avec les Arabes. Ayas s'est signalé » dans sa carrière par de nombreux faits de guerre : » réputation de bravoure justement acquise dans les » expéditions de la province d'Oran ; plusieurs blessures ; capture d'un lieutenant d'Abdelkader.

» 1845, combat contre Bou-Maza.

» Rapport officiel « Je signale encore à votre bienveillance M. Ayas, interprète qui, constamment à

» mes ordres, a fait preuve d'une bravoure vraiment » remarquable en tuant cinq Arabes dans le moment » le plus difficile de l'action (colonel Mellinet).

» L'interprète Ayas blessé grièvement d'un coup » de feu à la cuisse dans un combat contre Bou-Maza, » mourut en 1846, des suites de sa blessure. »

COHEN

» Interprète à la disposition du lieutenant-colonel » du Barail, tué dans l'attaque que firent les Arabes, » le 2 août 1833, contre Mostaganem. »

BARANÈS RENÉ

» Après avoir fait une expédition avec le général » Desmichel, commandant à Oran, prit encore part » à celle de Tlemcen et de la Tafna. Le général » Bugeaud le chargea de plusieurs missions spé- » ciales. »

ADREY MOISE

» Cité à l'ordre du jour de l'armée d'Afrique comme » s'étant particulièrement distinguée dans la sortie » faite à Médéah contre les Ouzza, dans la nuit du 16 » au 17 juin 1841. »

MEYER JOSEPH

» Blessé à la cuisse droite d'un coup de feu au » combat de la Tafna. »

LÉVY ISAAC

» Blessé et prisonnier de guerre, le 26 septembre » 1845, pendant la mémorable retraite opérée après » le combat de Sidi-Brahim fut forcée de suivre » Abdelkader dans ses différentes excursions dans

» la province d'Alger : Lévy fut trouvé percé de » plusieurs coups de feu sur le champ de bataille de » Mengren, mourut de ses blessures. »

FARADJ NAKACH

» Spahi volontaire en 1842, interprète en 1843, » chevalier de la Légion d'honneur en 1871, Faradj, » cavalier intrépide, s'est signalé dans les expéditions » en marchant avec les goums et en faisant preuve » d'une grande bravoure. Blessé d'un coup de feu au » genou droit, le 22 mai 1840, aux Beni-Sliman » (général de Salles). Coup de yatagan à la tête, le » 24 avril 1844, chez les Ouled-Soultan (duc d'Au- » male). Coup de tromblon qui lui a fait huit blessures » dans les reins, à la même affaire. »

A cette liste de braves, il convient d'ajouter, outre le nom d'Abraham Carrus, commandant de spahis, chef de bureau arabe et officier de la Légion d'honneur, les noms d'interprètes notoirement connus et estimés dans l'armée, MM. David Aboucaya, Darmon, Pinto, Dahan et Toubol, Chevaliers de la Légion d'honneur.

En 1870, le jeune Seror, juif de Constantine, étudiant en droit, n'hésita pas à interrompre ses études et à joindre l'armée du général Cremer où sa conduite est tellement brillante qu'il est décoré après la bataille de Nuits.

Moyse Lévy, fait, comme engagé volontaire, les campagnes de la Loire et Nebot, autre juif indigène, revient à Alger avec les galons de sergent de tirailleurs.

Jacob Jaïs, Salomon Stora et d'autres dont les noms ne nous reviennent pas, obtiennent la médaille coloniale, témoignage des services militaires au cours de l'année terrible.

Dans une plaquette publiée à Alger, en 1885, l'auteur, le vénéré doyen de la presse algérienne, M. Aumerat, Conseiller général, Président de la Commission départementale, disait, en parlant de l'esprit militaire des Israélites : « Si les Israélites ont rendu des services militaires en Algérie, alors qu'ils n'étaient pas encore citoyens français, ils doivent en avoir rendu depuis que cette qualité leur a été conférée.

« Assurément les Israélites algériens firent très bonne figure dans nos régiments de France pendant la guerre d'Allemagne et en Algérie pendant la période de l'insurrection arabe ; il ne faut pas oublier que ceux qui s'enrolèrent le firent très volontairement, puisque ce n'est qu'à partir de 1874 que le service militaire a été imposé aux Français habitant l'Algérie.

» On en vit dans toutes nos armées de la Loire, de l'Est et aussi dans les bataillons de Garibaldi. Quelques-uns versèrent leur sang pour la France et ne revirent plus le pays où ils étaient nés. Quelques-uns ont laissé le souvenir de leur bravoure, entre autres les frères Abourbé qui, soldats volontaires, marchaient ensemble avec un courage qui excitait l'admiration ; l'aîné fut tué glorieusement et l'autre reçoit les galons de caporal sur le champ de bataille ».

M. Aumerat cite encore la déclaration suivante faite par Crémieux :

« A Oran, sur cent juifs faisant partie de la milice, « 50 à 60, à Alger 280 à 300 ont été désignés pour « les rangs de la garde mobile. Pendant qu'un grand « nombre de chrétiens s'évertuaient à trouver des « moyens d'*Exemption, pas un Israélite n'a ré- « clamé.*

« Il n'en a pas été de même à Constantine ; ils ont « fait comme les Chrétiens, tentant de se faire « exempter ; mais de tous ceux qui ont été désignés, « *pas un n'a manqué à son devoir*. Ils ont tous fait « leur service ; ils ont vécu avec les autres sous la « tente. Tous ont fait les trois sorties qui ont été « commandées.

« A Milah, ils se sont vaillamment comportés et « quand, protégeant les colons attaqués dans les en- « virons de Sétif, une troupe de braves miliciens les « arrachaient aux fureurs des Arabes, un soldat, « brave parmi les braves, fut signalé *seul* par le « commandant de la milice de Sétif et, ce soldat,

« c'est un *citoyen français du 24 octobre*, un Israélite « naturalisé. Il se nomme *Sfar* ! »

L'Ecole de Saint-Cyr et l'Ecole polytechnique sont, depuis un quart de siècle, témoins des mérites militaires des Enos, des Serfati, des Balensi, des Sasportès, des Carrus, tous Juifs algériens qui y ont gagné avec l'épaulette, les vertus qui distinguent notre brillant corps d'officiers. Nous ne sachions pas que leur bravoure ait jamais été suspectée jusqu'à présent par leurs supérieurs, leurs égaux ou leurs inférieurs.

DEUXIÈME PARTIE

On peut dire que l'antisémitisme algérien assoupi depuis les bagarres de 1884 et 1885, a été réveillé et surexcité au dernier point par la campagne menée dans deux journaux de création récente.

Le premier, l'*Antijuif*, fondé par un sieur Max Régis Milano, politicien sans aucune valeur, haineux et méchant, étudiant médiocre et paresseux, chassé des Ecoles Supérieures d'Alger, à la suite des manifestations dirigées contre un professeur Juif ; le second créé, sous les auspices, dit-on, de M. Cambon, alors Gouverneur général de l'Algérie.

Pour faire un gros tirage et se gorger de bénéfices, il fallait donner à la foule blasée des lecteurs autre chose que le banal article sur la politique algérienne ou la décentralisation administrative ; il était indispensable de lui servir un haut ragoût de racontars, de scandales, de calomnies et de faire appel aux passions les plus mauvaises.

Ces deux feuilles se chargèrent de cette triste

besogne, mais il faut convenir que dans cette voie l'*Antijuif* dépassa son compère de plusieurs centaines de coudées.

Cet immonde torchon lança son premier cri de guerre contre la population Israélite, le 14 Juillet 1897, comme pour tenter de jeter une souillure sur l'anniversaire de cette journée mémorable de la grande Révolution.

A dater de ce moment, l'honneur et la tranquillité des Français de religion juive furent à la merci de ce misérable. Deux fois par semaine d'abord et trois fois ensuite, avec supplément illustré, de petits yaouleds, bien stylés, remplissaient les rues de la ville et surtout les quartiers fréquentés par les Juifs du cri de l'*Antijuif!* l'*Antijuif!* et affectaient de fourrer leur journal sous le nez des passants Israélites.

La plume est impuissante à raconter les infamies sans nombre, les odieux mensonges, les provocations continuelles déposées dans ce journal qu'un magistrat de la Cour a pu, à juste titre, qualifier de boîte à ordures de la diffamation. Les calomnies les plus viles, les plus abjectes sont répandues avec un rare cynisme sur les personnes les plus honorables pour la satisfaction d'une clientèle cosmopolite, assoiffée de scandales et de violences.

Les mères de familles les plus honnêtes, les jeunes filles les plus pures sont injuriées, vilipendées, traînées dans la boue, traquées dans l'intimité de leur existence. Les négociants les plus considérés sont diffamés, représentés comme des forbans, désignés à la vindicte publique pour le jour de l'extermination prochaine. Les inventions les plus fabuleuses sont débitées sur leur compte dans une langue qu'il est impossible de qualifier.

Quel était le personnage qui venait ainsi réveiller de vieilles haines et à une époque de tolérance, s'efforcer de faire revivre les anciennes guerres religieuses.

Un Français d'origine qui a été bien placé pour

être parfaitement renseigné, va nous édifier sur ce personnage :

A MAX RÉGIS

« Vous vous dites Français ! Oh que non ! Vous êtes francisé par un acte légal, mais vous n'avez rien du caractère français, la meilleure preuve, c'est que vous insultez des femmes.

« Votre père était Italien, né à Riello, en Italie, venu en 1864 en Algérie, il n'a pensé à se faire naturaliser qu'en 1888, c'est-à-dire, 24 ans après son arrivée, pour prendre part à l'adjudication des travaux de la compagnie de l'Est-Algérien entre El-Achir et Bordj-bou-Arréridj.

« Votre frère aîné Alfred, est resté italien ; votre sœur Claudine, est mariée à Obertone, avec l'avocat Maggi.

« Toutes vos traditions de famille sont italiennes et non françaises, et vous avez l'audace de venir élever la voix.

« Que seriez-vous donc si votre père était resté à Milan où il était ouvrier forgeron ? Que seriez-vous donc vous-même, sans la mort inopinée de Polycarpe Vigliano ?

Je puis vous affirmer en conscience, que votre place est plutôt dans l'ombre qu'en plein soleil. »

(LANTERNE ALGERIENNE)
du 30 juin 1898.

Maintenant qu'il est connu, laissons-le parler : On pourra ainsi juger de la férocité de ce sectaire, de sa cruauté, de son mépris de la vie... des autres :

PROVOCATION AU MEURTRE

MEETING ANTIJUIF

» Hier soir, a eu lieu un meeting antijuif, organisé pour commémorer l'anniversaire de la mort de M. Grégoire, ancien rédacteur au *Radical*.

» C'est dans le local de la *Lyre Algérienne,* sous les voûtes de la Pêcherie, que la réunion a eu lieu. La salle peut contenir environ six cents personnes. Il y en avait plus de mille, hier soir, et un nombre égal de spectateurs et de curieux, n'ayant pu y trouver accès s'étaient répandus dans les autres voûtes. Dans l'intérieur, transformé en étouffoir, nous avons aperçu quelques femmes et de nombreux Arabes.

» A huit heures, le bureau est formé sans incident. C'est à M. de Lara, étudiant en médecine, qu'échoit la présidence.

» M. Régis, président de la Ligue Antijuive, prend ensuite la parole et, après avoir rendu hommage à Grégoire, qu'il appelle « le martyr de la cause antijuive », il prononce un discours très violent contre les Juifs.

» De nombreux cris : « A bas les Juifs ! » l'interrompent souvent.

» L'orateur explique ensuite que les Juifs sont partout et achètent tout et il donne comme exemple les incidents qui se sont produits aux Ecoles supérieures, à propos d'un professeur Juif.

» A ce moment une forte poussée se produit : des voix crient que 1,500 citoyens veulent entrer.

» — ***Qu'ils se fassent des gradins avec des cadavres de Juifs, s'écrie M. Régis, tandis que dans la salle éclate les cris : « A mort les Juifs ! »***

» L'orateur termine en conjurant les antijuifs à demeurer toujours unis, et à se rallier au cri de : « A BAS LES JUIFS ! »

» Des acclamations accueillent cette péroraison.

» A ce moment, M. Paysant, commissaire central, apparaît derrière le bureau et prononce quelques paroles qui se perdent dans le bruit.

» Une véritable tempête éclate parmi les assistants : on crie, on siffle, jusqu'à ce que M. Régis explique l'intervention de M. Paysant, qui vient prévenir le bureau que la salle étant archi-comble, il ne peut, dans l'intérêt général, laisser entrer personne. Le calme se retablit et M. Garrot à qui est donné la parole, rappelle la vie de Grégoire, son arrivée et ses débuts en Algérie. Mais il est bientôt interrompu par les cris : Assez, à la porte, il est associé à un juif. »

« M. Joseph Dons monte même sur la scène et veut prouver que M. Garrot est l'associé des Juifs, mais ses paroles se perdent dans le bruit.

« En vain l'orateur veut-il s'expliquer, sa voix est continuellement couverte.

« M. Max Régis parvient à prononcer quelques mots : — M. Garrot, dit-il, a employé pendant quelque temps un Juif et s'en excuse.

« — Je ne m'excuse de rien du tout, interrompt M. Garrot et, aussitôt, dans la salle, éclate un charivari épouvantable. L'orateur est obligé de se retirer.

« M. Dusserre lui succède et demande que la municipalité soit mise en demeure de renvoyer tous les employés juifs.

« MM. Philippi et Laffite parlent ensuite et protestent de leurs sentiments profondément antijuifs.

« M. Philippi donne lecture des télégrammes de sympathie, d'encouragement et de félicitations que la rédaction de l'*Anti-juif* a reçu des Étudiants de Bordeaux, du journal *La Voix*, de Marseille, du *Réveil*, d'Oran, des antijuifs de Constantine, de Bordj-bou-Arréridj, de Boufarik, d'Oran. etc.

« M. Laffite donne enfin lecture de l'ordre du jour suivant voté par acclamations :

« Les antijuifs d'Alger, réunis au nombre de plus de deux mille, votent le vœu exprimé par le citoyen Dusserre demandant que la Municipalité d'Alger soit mise en demeure de renvoyer tous les employés juifs et qu'elle réserve l'adjudication de ses travaux et fournitures à des Français ou non juifs ;

« Exprime le vœu que le décret Crémieux soit rapporté :

« Adresse ses sympathies aux antijuifs algériens ;

« Et lève la séance aux cris de : A BAS LES JUIFS !

M. Régis monte sur le bureau et après avoir exhorté les assistants au calme dit : « Donnons-nous rendez-vous à mercredi, 22, pour aller sur la tombe de Grégoire et levons la séance non-seulement au cri de « à bas les Juifs », mais de « ***à mort les Juifs.*** »

La foule s'écoule sans incident, mais se reforme immédiatement place du Gouvernement et s'engage rue Bab-Azoun, en criant « à bas les Juifs. »

(LA DÉPÊCHE ALGÉRIENNE).
Lundi 20 septembre 1897, n° 4437.

AUX ÉTUDIANTS D'ALGER

» La vaillante jeunesse intellectuelle d'Alger qui a combattu si vaillamment l'année dernière. — quitte à compromettre son avenir, — contre le professeur juif Lévy, est à la joie, car elle a obtenu satisfaction, par suite des démarches de M. le Maire d'Alger, qui mérite un bon point pour cette épuration.

» A l'époque de la rentrée des cours, nous faisons des vœux sincères, afin que les jeunes étudiants d'Alger, montrent la mâle énergie qui a toujours caractérisé leurs aînés. Ces vœux nous paraissent d'ailleurs superflus, étant donné le sentiment haineux qui gonfle les poitrines Françaises à ce seul mot : le Juif !

» Quant aux jeunes avocats, docteurs, etc., qui désertent chaque année leurs études achevées, cette pépinière d'esprit qui est l'Université, nous sommes persuadés qu'il satisfairont la confiance que le peuple porte en eux.

» Il est inutile nous croyons, d'affirmer qu'ils seront des antisémites convaincus, leur intelligence perspicace ayant pénétré profondément durant leurs années d'études, dans le bourbier infect, où se vautre le Juif.

» Qu'ils soient d'ailleurs assurés de notre entier dévouement à toutes les luttes d'épuration, qu'ils croiront devoir entreprendre, pour accélérer la victoire, vers qui nous allons bravement »

(L'ANTIJUIF) « La Rédaction »

« Nous vous adjurons, lecteurs de l'*Antijuif*, quelles que soient vos croyances ou vos opinions, de nous aider dans notre noble tâche : Sus au juif ! Sus à cette race infâme pour laquelle le vol est une gloire et le travail un déshonneur ; prouvez-leur votre mépris en refusant d'habiter les maisons qui leur appartiennent ou qui recoivent des locataires juifs ; gardez-vous, comme de la peste, d'entrer dans leurs boutiques, vous y seriez volés d'avance. Ne manquez jamais l'occasion de leur prouver votre mépris, ces bêtes-là sont indignes de la plus petite considération et, s'ils régimbent ou font mine de protester contre notre façon d'agir, il est un argument contre lequel un vrai juif ne riposte jamais : la trique.

(*L'ANTIJUIF*, n° 14, 29 août 1897).

» Ah ! certes, on est écœuré de voir ses libertés atrophiées, ses droits paralysés par une race maudite qui, quoique couverte d'opprobes et pourrie par les crimes et les vols les plus audacieux, est à cause de l'or qu'elle possède, considérée et respectée par un gouvernement comme une puissance reconnue par le monde.

» On a peine à contenir un geste de révolte, lorsqu'on voit un confrère de la Presse, Maurel, bombardé sous-préfet, pour avoir adoré à plat ventre, l'idole juive !

» Les lèvres se contractent dans un geste de dégoût, lorsque dans quelques mois à peine, le ruban du magistrat Malherbe se transforme en rosette de la Légion d'honneur, pour bienveillances envers les youtres !

» De tous côtés, dans le fonctionnarisme, dans la Presse, partout, il est aisé de voir le juif respecté et honoré, et on est en droit de crier : « Sus aux juifs ! » *On est aussi en quelque sorte, dans le cas d'une légitime défense, et par conséquent autorisé à se servir brutalement d'une arme quelconque pour détruire l'ennemi !*

(*L'ANTIJUIF*, n° 26)   « MAX REGIS ».

» CITOYENS !

» La subite détermination du Parquet ne vous ayant pas permis d'accompagner vendredi dernier, à la Prison civile, notre Directeur, nous nous faisons un devoir de vous annoncer qu'il sera mis en liberté ***Samedi prochain, 27 novembre***, à 4 heures du soir.

» La rédaction de l'*Antijuif* et les chefs de l'antisémitisme algérien iront attendre le vaillant lutteur, et ils invitent tous les citoyens à les accompagner, témoignant ainsi leurs sympathies à celui qui est la victime des infâmes machinations des Jacob Granet et des Paysant à la solde des juifs.

» Tout en étant une forme de protestation contre les décisions incompréhensibles d'un tribunal envers les paisibles manifestants du 3 octobre dernier, elle serait en outre un encouragement pour l'énergique Président de la Ligue Antijuive qui va mener plus vigoureusement encore la lutte contre l'ennemi commun : le juif.

» A BAS LES JUIFS ! et rendez-vous SAMEDI à la Prison civile. »

(L'ANTIJUIF) « LA RÉDACTION. »

AVIS

» Par suite des manœuvres occultes de la Préfecture, il nous est impossible de trouver un local pour notre meeting.

» *Nous prions nos amis soucieux de notre verdict, de se rendre en foule vendredi prochain, aux abords du Palais, ne pouvant leur assigner un autre endroit.* »

(L'*ANTIJUIF*, n° 34). « LA RÉDACTION. »

» Monsieur le Directeur de l'*Antijuif*,

» L'orientation de la politique antijuive de votre journal, nous paraissant aujourd'hui en pleine harmonie avec nos sentiments patriotiques, alors qu'au début elle pouvait nous faire redouter un but plus restreint, nous avons le plaisir de vous déclarer que nous sommes avec vous, non seulement de cœur, mais qu'encore vous pouvez compter sur notre concours effectif, dans le combat le plus redoutable que la France ait jamais livré à ses ennemis.

» Le juif, en effet, n'est pas un adversaire tangible, saisissable, qu'on peut atteindre en champ clos : c'est un reptile visqueux, une marée occulte, un vampire qui nous attaque la nuit.

» Dans ce combat inégal de la loyauté contre l'astuce, il vous faut des combattants à visage découvert.

» C'est dans ces conditions, que nous venons à vous, et engageons tous les Français d'Algérie à nous suivre, et *respecter, comme nous, les biens juifs, que nous considèrons d'ores et déjà comme biens nationaux. Quant à la peau des youtres, nous l'abandonnons, comme non-valeur, à qui en voudra.* »

(*L'ANTIJUIF*, n° 33). « SABATIER. »

» CITOYENS,

» A l'heure où paraîtront ces lignes, nos directeur et gérant passeront en correctionnelle avec d'autres braves tels que Lintillac, pour avoir manifesté les 26 septembre et 3 octobre, des sentiments qui sont devenus généraux dans la colonie menacée par le juif. Victimes des haines policières soudoyées par l'or juif, ils vont peut-être subir de sévères répressions.

» Devant le danger qui nous menace, il y a urgence de nous grouper autour du drapeau de l'antisémitisme et de marcher comme un seul homme afin d'opposer à cet envahissement de vols et de rapines, un obstacle invincible et d'écraser du talon définitivement la pieuvre judaïque.

» Citoyens, ligueurs, amis de la première heure, venez ce soir manifester ouvertement votre haine du juif.

(*L'ANTIJUIF*, n° 35). » LA RÉDACTION. »

» C'est parmi nous, qu'éclot ce lamentable bouquet de misères, c'est nous peut-être qui viendrons prochainement grossir cette gerbe épineuse, tandis que sur nos avenues s'érigent en villas de marbre, princièrement meublées, notre argent, nos sueurs, le fruit de nos veilles, notre sang, sous l'estampile : « Mardochée Chloumou, Azoulay Jacob, etc., etc.

» Telle est la situation. D'un côté, la misère noire, profonde, la faim, l'errance dans les rues ; de l'autre, l'étalage fastueux des rapines juives. D'un côté, le mépris pour ces miséreux, de l'autre, la considération officielle, les coups d'encensoirs pour ces voleurs dont l'audace est inouïe. »

(L'ANTIJUIF, n° 38).

LACHE TENTATIVE D'ASSASSINAT

» Français, en moins de trois jours, voici plusieurs lâches agressions et une tentative d'assassinat de la part de la meute juive. Après avoir assommé et pillé plusieurs vendeurs de l'*Antijuif*, après avoir attaqué traîtreusement plusieurs chanteurs ambulants, les juifs, fort de la protection que leur accorde la Préfecture et de leur immunité devant la justice, tentent aujourd'hui d'assassiner de braves ouvriers Français, coupables de fêter paisiblement une fête du travailleur.

» Français ! si nous ne réagissons pas demain, peut-être allons-nous nous réveiller avec des sbires juifs à nos portes. Demain peut-être Israël ayant achevé son œuvre de décomposition, maître de l'Algérie, foulera-t-il aux pieds ce qu'il y a de plus sacré pour nous, la Liberté.

» Pour endiguer la juiverie insolente, pour faire rentrer cette boue dans son bourbier, il est tant que nous nous organisons.

» Il est temps d'oublier les luttes qui nous paralysent et arrêtent la marche en avant de notre guerre contre Israël.

» Lundi prochain, l'ancienne Ligue Antijuive Radicale Socialiste se réunira pour jeter les bases d'une nouvelle Ligue purement antijuive. Cette Ligue traitera très sérieusement la question juive dans toutes ses manifestations et préconisera l'union du travail français contre la rapine, le vol, l'usure juif. De plus elle sera la promotrice d'un grand Congrès Antisémite.

» Français, souvenez-vous que cette une œuvre éminemment

patriotique que nous entreprenons. Aidez-nous et sans crainte venez-vous enrôler sous la bannière antijuive, sur le tricolore de laquelle sera inscrit :

Place aux Français ! Guerre aux Juifs !

« VINDEX ».

(L'ANTIJUIF du 4 Décembre 1897).

» La réunion de la *Ligue Antijuive* aura lieu, lundi prochain, à 8 heures 1[2 du soir, Café de l'Académie de Boules, Champ-de Manœuvres, Mustapha.

LA MANIFESTATION DE MERCREDI

» Nouvelle soirée de gala, mercredi dernier, pour la population antijuive d'Alger et nouveau triomphe, pour le champion de la cause française, tout cela, grâce à la malveillante imbécilité d'un préfet aussi méchant que foireux.

» *Max Régis, justement outré que la préfecture retire à des enfants le droit de gagner quelques sous, en vendant* l'Antijuif *avait annoncé que lui-même offrirait son journal au public, dans les rues des juifs et jusque sur la place du Gouvernement.*

» Il n'en fallait pas tant à Granet pour s'oublier dans ses culottes et mettre toute la police municipale sur le pied de guerre.

» La foule descend la rue de la Lyre, envahit la place du Gouvernement et les Boulevards, pendant que Max Régis offre l'*Antijuif* sur les terrasses des grands cafés où le monde l'acclame. Les dames sont beaucoup plus nombreuses dans le cortège et manifestent encore plus bruyamment que samedi, ce qui n'est pas peu dire.

» *Suivant le programme indiqué, Max Régis quitte les boulevards pour retourner rue de la Lyre et rue Randon.*

« *C'est alors que, rue Vialar, deux agents se précipitèrent sur une victime prise au hasard. Cette fois le peuple se fâche, et les deux agents reçoivent une volée de bois vert à leur rompre les os. Mais aussitôt de nouveaux provocateurs embrigadés surgissent, happent la victime et l'emportent malgré ses protestations et ses appels au secours.*

(*L'ANTIJUIF*, n° 41). « UN TÉMOIN ».

« Le peuple algérois a pleinement réalisé les pronostics échafaudés sur lui. Son antisémitisme s'est définitivement affirmé, et étayé de son courage inné, on peut prévoir prochainement sa victoire sur ce pire ennemi : LE JUIF !

» Des esprits malfaisants, des jaloux, des ambitieux, des vendus à cette race infecte, par des insinuations malveillantes, voir en moi seul, l'incarnation d'une si noble cause. Je ne daigne répondre à des attaques aussi injustifiées, aussi *voulues*, car la perspicacité de mes ennemis n'ignore pas que *si je lutte, c'est avec de valeureux soldats comme le peuple d'Alger qui, écœuré, lassé de ce joug omnipotent que le gouvernement a même l'air de lui imposer, est à la veille de réaliser l'œuvre d'épuration la plus grandiose et la plus humanitaire du siècle !*

« De la Préfecture on en a fait une synagogue où le rabbin édicte des ordres répressifs à des Jacob Granet !

« La magistrature ! On l'a grisée avec de l'or et on a dit à la justice française qui, jadis, symbolisait l'impartialité : « Sabrez de condamnations ce peuple qui réclame ce qui lui est dû : sa liberté et ses droits ! »

« Et sous la malsaine influence aurifère tous obéissent, se souciant fort peu du stigmate que la honte grave sur leurs fronts.

(L'ANTIJUIF, n° 42) » MAX REGIS ».

« Ils n'ont donc pas fait leur devoir ces braves villageois en traquant comme une fauve ce baron de la finance ; ils auraient dû lui faire mordre la poussière qu'il avait souillée de ses talons visqueux, lui briser le crâne de la crosse de leurs fusils trop rouillés pour cracher la vengeance.

» Ils auraient dû le livrer en pâture à sa propre meute, l'attacher comme une loque ignoble à la queue des chevaux des piqueurs, le broyer, l'anéantir !

» Ils ont jugé que le moment n'était pas encore venu de se venger ainsi ; ils se sont contentés de le chasser comme un chien !

» Devant de pareilles monstruosités, il est aisé de constater que notre patience est prête à se convertir en révolte. »

(L'ANTIJUIF, n° 45) » MAX REGIS ».

» Ce qu'il est aisé de constater, c'est que la question juive est devenue une question universelle, et que tous les peuples victimes de ces suceurs d'or et de sang, sont dans un état de surexcitation extrême frisant le soulèvement. La colère gronde, sourde encore, comme les grognements souterrains d'un volcan, la veille de l'éruption, et, ma foi! si les gouvernements trop compromis envers Israël ne peuvent pas donner satisfaction au peuple, ils se pourrait très bien, un jour ou l'autre, prochainement peut-être, que ce peuple délaissé se fasse justice soi-même par ses propres moyens : la violence, la rue!

(*L'ANTIJUIF*, n° 47). » MAX RÉGIS. »

CHER MONSIEUR RÉGIS,

« Nous estimons que les manifestations bruyantes ont produit de brillants résultats, qu'il faut mettre à profit, avant que l'opinion publique n'en fasse un jouet.

» Pour cela, il faudrait procéder à la création d'une association sœur absolument secrète, ayant ses groupes de quartier, où les membres vivant côte à côte, exerceraient un contrôle mutuel des plus faciles, et répondrait en quelque sorte les uns des autres.

» Chaque adhérent ferait, au sein de son groupe, le serment de garder le secret le plus absolu sur les décisions prises par le conseil de direction, dont la composition lui serait inconnue.

» On donnerait aux divers groupes formant cette association, un nom quelconque que les membres seuls connaitraient.

» Ces membres eux-mêmes ne seraient désignés ou connus que par une lettre procédant à la dénomination du quartier auquel ils appartiennent.

» Vous comprenez très bien qu'à un moment donné, une action commune et aussi rapide qu'imprévue s'imposera ; or, si elle n'a été préparée en secret, elle avortera fatalement et les juifs en bénéficiront comme par le passé.

» Quels que soient votre dévouement et votre ardeur, il vous est impossible à votre frère et à vous, de transformer en action décisive le mouvement populaire actuel. *Croyez-moi, profitez vite de la confiance illimitée que le public vous accorde, pour porter aux juifs le coup de massue que nous voulons tous.*

» Si mes propositions vous sont agréables, je vous serai reconnaissant de vouloir bien m'en donner avis, pour que je vous soumette en temps utile un projet complet. »

(L'ANTIJUIF du 23 décembre 1897, n° 48) « S. »

» Le peuple français a enfin compris qu'il sera bientôt placé dans l'alternative, ou de se déclarer l'esclave des juifs, ou bien les expulser.

» Si l'insouciance gouvernementale le force à se faire justice lui-même, le Français n'aura certes point besoin pour reconquérir ses libertés, que ses aïeux sortent de leur cercueil pour ranimer son sang gaulois. Il y a trop de fierté chez le Français, et c'est ce qui assure notre victoire, pour qu'il puisse oublier les héroïques révolutionnaires de 89 et surtout ployer les genoux devant la race juive, la race la plus vile de toutes celles qui gravitent dans l'univers.

A BAS LES JUIFS !

(L'ANTIJUIF). « MAX RÉGIS ».

NOS DIRECTEUR ET GÉRANT

EN CORRECTIONNELLE

» C'est jeudi 13 janvier, que passeront devant la Correctionnelle, notre Directeur Max Régis et notre gérant Filippi, accusés par le substitut du Procureur, De Montessus, d'avoir dit que ce dernier avait assassiné sa femme ».

(*Antijuif* du 6 janvier 1898).

NOTA. — Max Régis a été condamné à deux mois en 1re instance et la Cour a doublée la peine. L'amnistie est intervenue ensuite et le perturbateur a pu continuer ses provocations.

» Que voit-on ?

» Les juifs, protégés de la justice, dirigent le corps électoral un peu partout, soit par leurs votes, soit par les feuilles prostituées qu'ils entretiennent.

» A cela, vous nous demanderez quel est le remède ?

» La réponse est facile :

» Qu'a-t-on fait des nobles en 1793 ?

» Cependant, il y avait du bon chez beaucoup d'entre eux. Ils possédaient des ancêtres glorieux. Mais il fallait sauver la France et trancher dans le vif ; on n'hésita pas.

» Aujourd'hui, la situation est aussi grave qu'à cette époque et le même besoin s'impose, sous peine de voir s'effrondrer la Patrie.

» Qu'est-ce que cela fait aux gens qui n'en ont pas ?

» Est-ce que les opportunistes y regardent de si près ? Quand il s'agit de fusiller le peuple on trouve toujours un youtre pour commander le feu.

» Quand trente mille juifs et accapareurs de même accabit iraient rejoindre les fédérés de 1871, assassinés par leurs ordres, où serait le mal ?

(*L'ANTIJUIF*, 13 janvier 1898).

UNE BAGARRE A LA GARE D'ALGER

» Samedi dernier au départ du train de Blida, un youpin de l'Alma s'est permis de dire à un vendeur de l'*Antijuif* qui offrait notre journal, qu'il pouvait se le f... au... (vous devinez le reste). Ce sale youtre ne s'attendait guère à la réception qui allait lui être faite en rentrant dans son compartiment, car, à peine avait-il posé le pied dans la voiture que force horions lui tombèrent sur la nuque ; les nombreux voyageurs antijuifs qui se trouvaient là avait voulu administrer à ce youtre infect la correction qu'il méritait ; et, sans l'intervention du commissaire spécial et des employés de la gare, on aurait compté un juif de moins. Dieu ! quel perte !

(*L'ANTIJUIF*, 16 janvier 1898).

» L'année qui vient de commencer à peine pourrait être pour Israël une *année terrible*. Le peuple a fini par comprendre la nécessité d'une sérieuse épuration dans nos gouvernants et il pourrait fort bien arriver ceci : que les victimes actuelles des juifs et des judaïsants surtout, deviennent de par la volonté du peuple une force capable de prononcer l'expulsion de cette race maudite et le *mattage* en règle de ces cerveaux faiblots.

Courage !

A bas les Juifs.

(*L'ANTIJUIF*, 16 janvier 1898). « MAX RÉGIS ».

RÉVOLUTION ANTIJUIVE A PARIS

» La vaillante jeunesse des Ecoles, la première sur la brèche toujours, lorsqu'il s'agit de la Patrie a été la plus cruellement atteinte par les couteaux mercenaires et leur président M. Tissier est tombé mortellement frappé. Ce crime juif ne restera pas impuni et la bande Dreyfus-Zola et Cie pourrait sous peu connaître la cherté du sang français.

» La France entière vibre en ce moment à Lyon, Marseille, Toulouse, Grenoble, partout, les juifs sont conspués et c'est à grands cris que leur expulsion est demandée. La lutte est donc nettement affirmée ; il n'y a plus *d'hésitation possible à descendre dans l'arène*.

» La victoire antijuive est plus rapprochée qu'on ne le soupçonnait ; la lassitude du peuple est à son comble et prend une attitude remarquable de défensive.

» En avant ! donc, et après avoir applaudi la généreuse bravoure de la jeunesse antisémite des Ecoles, poussons tous le cri : « A bas les juifs ! » qui veut dire celui de : Vive la France ! »

« MAX RÉGIS ».

TROISIÈME PARTIE

LES TROUBLES

On a affiché hier, dans les rues d'Alger, la proclamation suivante :

Habitants d'Alger !

Vous avez été indignés des agissements infâmes de ceux qui s'obstinent à protester contre l'arrêt suprême de la Justice.

Vous avez été indignés des insolentes provocations de ceux qui essayent d'atteindre cette chose sacrée qui s'appelle l'honneur de l'armée Française.

Vous avez manifesté hautement vos sentiments de réprobation contre les indignes et votre volonté de flétrir leurs manœuvres coupables.

Ces faits indéniables sont acquis. Nul ne peut douter désormais que le sang français le plus pur coule dans les veines des Algériens. L'émotion soudaine de la Mère Patrie a vibré du premier coup dans vos cœurs.

Mais ne faites pas dégénérer en désordres de rues, en attaques contre les propriétés l'explosion de ces beaux sentiments d'honneur et de justice.

Ne vous exposez plus aux dangers ridicules de la répression brutale par la force publique.

La Municipalité qui regrette de n'avoir pas eu à diriger, seule, les mesures obligatoires destinées à protéger la sécurité publique, pense qu'il est de son devoir d'intervenir auprès de vous et de vous adresser, d'accord avec le Conseil municipal tout entier, un énergique appel en faveur de l'apaisement.

Il y va du bon renom et de la prospérité d'Alger.

Citoyens !

Vous avez montré superbement votre furie française ; montrez maintenant que vous avez le calme de la force.

Il ne faut plus de manifestations dans la rue. Alger doit redevenir demain la ville laborieuse, fière et sereine, toujours digne, par sa foi républicaine, de rester la première des cités de l'Algérie.

Vive la France !

Vive la République !

A. GUILLEMIN,
Maire d'Alger.

(*DÉPÊCHE ALGÉRIENNE* du 23 Janvier 98).

LE MEETING

A huit heures devait avoir lieu, au Vélodrome du Plateau-Saulière, le meeting de protestation contre le Syndicat Dreyfus.

Bien avant l'heure fixée toutes les places sont prises d'assaut, pourrait-on dire.

La foule, que l'on peut évaluer à six mille personnes, tant à l'intérieur qu'à l'extérieur, criait : « A bas les Juifs ! »

MM. Pradelle, maire de Mustapha, et Max Régis, directeur de l'*Antijuif* étaient déjà dans la salle quand M. Morinaud a fait son entrée aux acclamations des assistants.

A 8 h. 1|2, on a procédé aussitôt à la constitution du bureau qui a été ainsi formé :

MM. Pradelle, maire de Mustapha, président ; Lebailly, maire de Maison-Carrée, 1er assesseur ; Max Régis, 2e assesseur ; Bringot, étudiant, secrétaire.

M. Pradelle a pris le premier la parole, il a remercié l'assistance de l'honneur qu'elle lui a fait de l'élire président de cette réunion patriotique et essentiellement française et dont le but est de protester contre les agissements des juifs et de leurs complices.

Il a rappelé les brutalités policières dont ont été victimes les manifestants, puis il a invité la population au calme engageant à ne plus descendre dans la rue.

Il a terminé en criant : « A bas les Juifs ! »

Ce cri a été répété par toute l'assistance qui a vigoureusement applaudi.

M. Max Régis, montant à son tour à la tribune, a vivement pris à partie le Préfet et le Gouverneur qu'il a accusés de trahison et de s'être vendus à la juiverie.

— Le moment, a-t-il dit, n'est pas venu d'arroser du sang juif l'arbre de la liberté. Mais je ne suis pas venu ici pour vous prêcher le calme.

Je proteste contre l'absence des hommes politiques, alors que le peuple d'Alger est en danger. C'est dans la rue, au-devant de ce peuple, que nous aurions dû les rencontrer. Ils ont déserté la lutte.

Un incident s'est produit à ce moment, un interrupteur est mis à la porte, non sans avoir été fortement houspillé.

M. Régis a continué en rendant hommage à M. Pradelle qui, lui, n'a pas craint de se montrer dans la rue.

L'orateur a terminé en demandant le vote par l'assemblée d'un ordre du jour flétrissant la conduite du Préfet et du Gouverneur ; des félicitations aux étudiants et un rappel à l'ordre à M. Samary, député de la 1re circonscription, qui, sachant que le peuple était en danger, n'a même pas envoyé une dépêche pour s'informer et pour soutenir ses revendications (Applaudissements frénétiques). M. Max Régis a terminé en criant : « A bas les juifs ! »

M. Langlois, avocat, a pris ensuite la parole :

— L'heure tant attendue, dit M. Langlois, l'heure de la révolution a enfin sonné. Nous arriverons bientôt à ce que nous voulons. Non pas l'abolition du décret Crémieux, mais l'expulsion des Juifs. Ils ont osé relever la tête, il faut les écraser.

L'orateur rappelle que c'est aux étudiants que nous devons le mouvement qui se produit aujourd'hui. La jeunesse des écoles a commencé, le peuple entier le suit aujourd'hui.

Il y a des choses en France auxquelles on ne doit pas toucher, c'est le Drapeau, c'est l'Armée ; y toucher, c'est salir la Patrie et voilà ce que les Juifs ont osé.

Parlant du Préfet d'Alger qui aurait retiré aux Maires des communes où se produisent les manifestations la responsabilité de la tranquillité publique, M. Langlois ajoute :

Si j'avais été le Maire d'Alger ou le Maire de Mustapha, j'aurai licencié la police.

L'orateur constate que pendant les manifestations, ce sont des Français qui ont été blessés à coups de couteau et à coups de matraque et **que pas un seul juif n'a** été malmené par les manifestants.

M. Langlois termine en disant qu'aux prochaines élections il faut imposer aux candidats d'inscrire dans leur programme l'expulsion des Juifs et termine en criant : « Vive la France ! Vive l'Armée ! Vive la Patrie ! »

M. Morinaud, très acclamé, est ensuite monté à la tribune.

Il remercie l'assemblée de ses marques de sympathie, en même temps qu'il lui apporte le salut fratérnel des Français du département de Constantine.

Il flétrit les juifs d'Alger, dont les ancêtres n'étaient pas dignes de cirer les babouches des Arabes.

Une voix dans la salle. — Et Thomson ?

— Laissons reposer en paix les cadavres, dit M. Morinaud.

L'orateur a rappelé son arrivée à Alger.

— Si j'avais connu à ce moment les incidents qui s'étaient produits à Alger, ***mes paroles n'auraient pas été des paroles de calme et d'apaisement.***

Il a exposé ensuite le nouveau programme sur lequel devront se faire les prochaines élections législatives, programme ainsi divisé :

1° L'abrogation du décret Crémieux ; 2° la révision des fortunes juives ; 3° L'expulsion en masse de toute la juiverie.

Il a terminé en demandant à l'assemblée de crier avec lui : A bas les Juifs ! Vive la France !

LA SORTIE DE LA RÉUNION

C'est au milieu de la plus vive agitation que s'est effectuée la sortie.

Les groupes stationnant au dehors se joignirent à ceux qui quittent le Vélodrome et six mille personnes envahissaient aussitôt la chaussée de la rue Michelet, acclamant les gendarmes et chantant la *Marseillaise*.

Sans incident, la foule avait atteint les portes d'Isly, mais là elle s'est trouvée coupée par les pelotons de gendarmerie. Pour passer outre et gagner la rue de Constantine, un groupe de manifestants a traversé le parc du « Club Gymnastique ». .

Rue d'Isly, la foule s'est reformée en masse compacte. A forcé le cordon d'agents postés à l'entrée de la rue Henri-

Martin, et s'est dirigé, aux cris de : « A bas les Juifs ! » vers le quartier de la Lyre.

AU MARCHÉ DE LA LYRE

Mais là était posté un peloton de zouaves, baïonnette au canon, renforcé de nombreuses brigades d'agents, sous la direction de MM. Lebourg et Jénot et de gendarmes à pied.

Une ovation est faite à l'arrivée. De violentes bousculades se sont produites ; des gendarmes et des agents ont même reçu des coups. Cependant, ne voulant se livrer à aucune violence contre la troupe, la foule n'a pas essayé de forcer le service d'ordre.

Cernés autour du marché, les manifestants ont brisé quelques vitres, endommagé quelques devantures.

Après uue demi-heure, ils ont pu évacuer la place par l'escalier situé derrière le Théâtre, et par la rue de l'Echelle avec la place de la République pour objectif.

Là, manœuvrent pour déblayer la chaussée un peloton de chasseurs d'Afrique et les brigades d'agents.

De graves bousculades se sont produites : des agents et des gendarmes ont été frappés ; le bruit court que l'un deux a été blessé assez grièvement d'un coup de gourdin à la tête. Parmi les chasseurs, dont les montures étaient effrayés par les cris de : Vive l'Armée ! quelques chutes se sont produites : le cheval d'un lieutenant, en se cabrant, a le pied pris dans la bride d'un cavalier voisin et tombe avec l'officier qui, fort heureusement, se relève sans aucun mal ; deux soldats sont à peu près dans les mêmes conditions désarçonnés.

AU QUARTIER DE LA PRÉFECTURE

A dix heures et demie, la foule quitte en grande partie la place, suit le boulevard de la République, traverse la place du Gouvernement et s'est répandu dans les ruelles du quartier de la Marine, se dirigeant vers la place de la Préfecture, gardée par la force armée.

Il s'est produit là une légère échauffourée, au cours de laquelle M. Pelletier, commissaire de Sûreté, aurait été atteint d'un coup de bâton à la tête.

RUE BAB-EL-OUED

Pourchassée, la foule s'est ruée sur la rue Bab-el-Oued, où ne se trouvaient ni agents, ni troupe, ni gendarme. La manifestation s'est déchaînée contre les magasins.

La devanture du magasin de nouveautés Fassina volait en éclats sous les coups redoublés de bâtons et de pierres ; l'enseigne était décrochée et mise en pièces, les vitres brisées. Le même sort était réservé au bazar des « Nouveautés Parisiennes », dont on éparpillait les marchandises sur le sol.

Un peu plus loin, on s'attaquait au magasin « Aux Quatre Nations » : les volets étaient brisés en rien de temps et par l'ouverture ainsi pratiquée, on arrachait des coupons d'étoffes, des vêtements laissés intérieurement à l'étalage, on les lacérait, on les traînait dans la boue. Un feu de joie a été allumé au milieu de la rue avec des mannequins pris dans le magasin.

Ces scènes duraient depuis plus d'une demie heure, quand vers onze heures et demie, arrivèrent, conduits par le commissaire central des brigades de gendarmerie à pied et à cheval qui parcourent la rue au pas, à diverses reprises. Forcés d'abandonner le milieu de la chaussée, les manifestants se tenaient sur les trottoirs, mais ils n'en continuaient pas moins à tirer sur les vitres des impostes et à frapper contre les devantures fermées des boutiques.

A ce moment, de la fenêtre d'une maison voisine de la place du Gouvernement, quelqu'un jette une bûche qui atteint au bras un brigadier de gendarmerie ; indignés, les manifestants jettent quelques pierres contre les fenêtres de la maison, mais ils sont bientôt dispersés.

En route, revenant par le boulevard, vers le Square, ils brisent la plaque de l'huissier Abou.

Place de la République les chasseurs d'Afrique et les gendarmes à cheval font évacuer la chaussée au pas. Sur le passage des troupes les cris de : Vive l'Armée ! retentissaient. Chaque fois, au contraire, que la police a chargé, elle était accueillie par des bordées de sifflets.

A minuit, les manifestants, encore au moins trois mille, lancent des pierres contre le « Bar Glacier » et le magasin « Aux Trois Quartiers » ; des vitres ont volé en éclats.

APRÈS MINUIT

A minuit, tout le centre de la ville est occupé militairement par des troupes de toutes armes.

Les rues Randon, de la Lyre, ainsi que les rues adjacentes, sont occupées de même.

On craint en effet que, sous la surexcitation provoquée par la contre-manifestation juive, les manifestants antijuifs ne cherchent à exercer des représailles.

Les groupes, bien que refoulés et malgré l'heure avancée, ne se désagrègent pas complètement.

Le rideau du théâtre à peine tombé, un cercle de fer enfermant, place de la République, trois ou quatre cents personnes, pour franchir ce cercle, il fallait défiler devant M. Faure, commissaire de police.

A la même heure, le feu est mis aux deux kiosques de la place du Gouvernement appartenant à des juifs, tandis que les magasins du commencement de la rue Bab-el-Oued subissaient un nouvel assaut.

Un des kiosques a pu être éteint à demi consumé, mais il ne restait plus que la charpente du second, lorsque les pompiers purent mettre une pompe en batterie et éteindre le feu.

A ce moment la ville semble être en état de siège : on se heurte partout à des patrouilles, à des lignes de troupes barrant les voies.

A une heure, rue d'Isly, deux magasins : « A la Gazelle » et « Au Louvre », ont leur devanture enfoncée ; tous les objets sont traînés au milieu de la rue et forment bientôt un grand feu de joie.

Rue de la Lyre, la boucherie du Juif Laskar est mise à sac, les quartiers de viande sont traînés sur le sol et piétinés.

(C.-L.)

(*DÉPÊCHE ALGÉRIENNE* du 24 Janvier 1898).

LES TROUBLES D'ALGER

Les manifestations bruyantes, tumultueuses de la veille, sont devenues de véritables troubles dans la journée d'hier.

Mais prenons au début le récit des incidents dont nous devons, à nos lecteurs, le compte rendu impartial.

La matinée a été relativement calme. Quelques bagarres se sont bien produites en différents endroits, mais elles n'ont eu aucune conséquence trop fâcheuse..

Toutefois, dès avant midi, on peut presque prévoir les incidents qui vont se produire plus tard, tant l'animation est grande dans tous les quartiers et les discussions vives dans les groupes, un peu partout, formés.

Des mesures d'ordre très sérieuses ont été prises. Indépendamment de la police, des sections de toutes les troupes de la garnison sont postées dans certaines rues et sur les places.

Dès une heure de l'après-midi, les groupes de manifestants commencent à se former. Ils circulent dans les rues laissées libres, chantant la *Marseillaise*, entrecoupée des cris, toujours les mêmes, de : Vive l'Armée ! A bas les Juifs !

Plusieurs incidents se produisent vers deux heures et demie : dans un tramway de l'Agha, sur la place de la République et rue Bab-el-Oued.

RUE DE LA LYRE

Le quartier juif est très animé. L'accès en est gardé par la troupe, du côté de la place Malakoff, et par la police du côté du marché couvert.

D'autres forces tiennent en respect les indigènes qui, en grand nombre, menacent de descendre du quartier de la Casbah.

Entre ces deux services d'ordre, les juifs circulent librement s'organisent en groupes et l'on remarque que presque tous sont armés. Leur attitude fait craindre que si des manifestants antijuifs se présentent, une sérieuse collision ne se produise.

C'est ce qui a eu lieu, en effet.

BAGARRE SANGLANTE
UN MORT. — PLUSIEURS BLESSÉS

Des manifestants, au nombre d'un millier, venant de la place de la République et de la place du Gouvernement, se réunissent dans la rue de Chartres et aux cris de : « A bas les Juifs ! « envahissent, par le bas, la rue de la Lyre.

A hauteur de la rue Bénachère, la tête de la manifestation se trouve en présence d'un groupe compact de juifs, armés de gourdins, de nerfs de bœufs et de couteaux.

La rencontre est maintenant inévitable : elle se produit avec une extrême violence. Tandis que les coups pleuvent de part et d'autre, une grêle de pierres, lancées par d'autres juifs des ruelles qui montent vers la rue Randon, s'abat sur le camp adverse.

Les blessés, de part et d'autre, sont nombreux : le sang a abondamment coulé.

Ce qui est encore plus grave, c'est que dans la collision, on a eu à deplorer la mort d'un homme.

Un manifestant antijuif, Félix Cayrol, âgé de 28 ans environ, exerçant la profession de maçon et domicilié boulevard Gambetta, maison Roman, est frappé simultanément d'un coup de couteau dans les reins et d'une balle de revolver à la tête. Il tombe dans les bras de ses amis, qui, en toute hâte, le transportent à la pharmacie Simon, où se trouvent d'autres blessés. Il y reçoit les soins du docteur Rouquet et d'un étudiant en médecine, M. Bringau, dont les efforts restent vains.

La blessure reçue par le malheureux Cayrol, dans le dos, est mortelle. Elle a été faite à l'aide d'une arme triangulaire et a pénétré jusqu'au poumon à une grande profondeur.

Une hémorragie interne se déclare et, au bout d'une demi-heure, Cayrol expire, sans avoir pu prononcer une parole.

LE SAC DES MAGASINS

Chassés de la rue de la Lyre, après la bagarre, les manifestants se répandent dans le quartier de Chartres, où quelques juifs, reconnus dans la foule, sont maltraités.

L'un d'eux, atteint à la tête, est transporté au commissariat de la rue Scipion, où les agents eux-mêmes lui administrent un pansement : un autre, roué de coups de cannes, à l'entrée de la rue du Divan, est dégagé par l'agent Abdelkader.

Sur tout le parcours de la rue Bab-Azoun, où nulle force n'apparait avant une demi-heure, commence l'assaut des magasins juifs, tous fermés.

Sous les coups de bâton et de pavés, les devantures sont brisées rapidement ; des volets, des enseignes, servent de béliers pour abattre ce qui résiste. On saccage les boutiques avec frénésie : un magasin de chapellerie est vidé en deux secondes et l'on voit les coiffures en tous genres qu'il contenait, bérets, casquettes, feutres mous, chapeaux de paille, voltiger dans les airs. On traite de même les magasins de nouveautés et nous renonçons à donner la nomenclature des boutiques ainsi saccagées, toutes celles de la rue sans exception, appartenant aux Juifs qui ont subi le même sort.

Partout les manifestants procèdent de même façon.

Dès que la devanture a volé en éclat, les marchandises sont lancées au milieu de la chaussée, lacérées, mises en pièces.

Bientôt la rue est couverte de débris de toutes sortes, vêtements, chaussures, chapeaux, ustensiles de ménages, coupons d'étoffes, parapluies brisés, gisent pêle-mêle ; on promène dans la rue des mannequins enlevés des magasins.

Ces scènes, auxquelles assiste, sans y prendre part, une foule nombreuse de curieux, durent depuis longtemps, lorsque, vers cinq heures, la police, la gendarmerie et les chasseurs d'Afrique, font dégager la chaussée.

Le pillage n'en continue pas moins sous les arcades, pendant que les troupes à cheval passent et repassent, piétinant les débris qui jonchent le sol.

Les agents opèrent cependant de nombreuses arrestations : la plupart des individus ainsi appréhendés sont ceux qui, profitant de la circonstance, s'introduisaient dans les magasins ouverts pour voler ou dérober les marchandises encore intactes que d'autres s'étaient contentés de rejeter au dehors.

Car, et c'est là une conséquence de tous les troubles aux manifestants se sont joints des individus sans aveu, ne voyant dans la manifestation qu'une occasion de pillage.

La rue Bab-Azoun, définitivement dégagée vers 6 heures, les manifestants se répandent sur la place du Gouvernement, puis dans la rue Bab-el-Oued, où ils poursuivent leur œuvre de destruction. Pas une boutique juive n'échappe à leurs coups et le sac de magasins de nouveautés, de tabacs, de meubles se poursuit ainsi jusqu'à 6 heures, sans que la police et la gendarmerie réussisent à l'empêcher.

A BAB-EL-OUED

Vers 4 heures, trois cents manifestants environ, venant de la ville, se dirigent vers le quartier Bab-el-Oued.

Au carrefour, dit de la « Pompe », ils pillent un magasin de mercerie tenu par un Juif, surnommé « Le Bossu ».

Leur nombre va croissant et peut s'évaluer bientôt à un millier. Rue de Dijon, ils enfoncent la porte de la Synagogue et saccagent le temple, puis, prenant la grand'route Malakoff, marchent sur Saint-Eugène.

M. Edouard Mantout, venant à passer dans sa voiture, avec deux personnes, voit ses chevaux arrêtés. Après l'avoir renversé, on le frappe et il va être poussé à l'eau, ainsi que l'attelage, lorsqu'une escouade d'agents vient le dégager et refoule les manifestants, qui rentrent en ville.

(TÉLÉGRAMME ALGÉRIEN du 25 janvier 1898).

Le premier groupe passant par la rue Littré débouche sur le boulevard en chantant : « A bas les juifs ! A bas les juifs ! A bas ! »

Devant le London-House, il est arrêté par un peloton de chasseurs débouchant d'une rue transversale. Les cris de : « Vive l'armée ! » retentissent de toutes part. Les troupes passées, le groupe se reforme. Arrivé devant la Mairie, on chante la *Marseillaise*. Quelques cris de : « Démission ! » se font entendre.

Devant le Café de Bordeaux, le Commissaire central, qui s'avance à la tête des agents, est hué par la foule. On crie : « A bas Paysant ! Démission ! Démission ! en même temps que des bordées de sifflets sont lancées à son adresse.

Les manifestants qui se sont installés sur la terrasse et sous les arcades du Café ne veulent pas abandonner leurs positions. Un roulement de tambour retentit, c'est la première sommation, les deux autres suivent à peu d'intervalle et un peloton de zouaves, marchant de front sur deux rangs, dégage le boulevard. La troupe passée, les manifestants se groupent encore et trois nouvelles sommations sont exécutées. Retour des zouaves aidés par la gendarmerie à cheval et des chasseurs. La manœuvre réussit mieux cette fois et les manifestants sont dispersés, mais ils se rallient à nouveau sur la place de la République.

Le deuxième groupe s'est dirigé vers la rue de la Liberté. Au coin de cette rue et de la rue Garibaldi, les trois sommations d'usage sont faites et les agents chargent la foule sabre au clair, appuyés par un peloton de gendarmes à cheval.

La manifestation est disloquée, un groupe se forme et prend la direction de la rue d'Isly. Au rond-point de cette rue, le dépôt de farines Kanoui a sa devanture brisée, les balles sont éventrées et la farine répandue sur le sol.

Dans la rue d'Isly, c'est le magasin d'un quincaillier dont la devanture est défoncée et les marchandises mises au pillage. On est même monté jusqu'à l'entresol d'où la marchandise est jetée par les fenêtres.

Dans la même rue, plus loin que la statue du maréchal Bugeaud, un entrepôt de farine est encore défoncé, les sacs sont éventrés et leur contenu répandu sur la chaussée.

Le même groupe se rend ensuite boulevard Carnot, maison Féraud où deux magasins sont encore mis à sac. Dans un de ces magasins, un coffre-fort d'un poids énorme est traîné au milieu de la route. Il est imbibé de pétrole et on essaye d'y mettre le feu. Cette tentative n'a pas réussi, par suite de l'arrivée de la police.

C'est ensuite dans la rue de Constantine que se rendent les manifestants. Le magasin « Au Petit Hasard » est défoncé. Les marchandises sont transportées sur la chaussée et à l'aide de pétrole elles sont brûlées.

Refoulés, les manifestants se rendent ensuite rue Henri-Martin et rue Rovigo, où diverses devantures sont encore brisées.

Entre temps, un troisième groupe s'est rendu rue Dumont-d'Urville, « Aux Fabriques des Vosges ». Ne pouvant réussir à défoncer la devanture, qui est en tôle d'acier, les manifestants contournant la maison, se portent rue du Hamma et attaquent ce magasin par l'arrière-boutique.

En quelques minutes, la devanture vole en éclats. Une grande quantité de marchandises sont jetées à la rue. On en forme deux tas qui sont placés, l'un au coin de la rue de l'Echelle et l'autre au coin de la rue du Hamma et le feu est mis à l'un et à l'autre.

Un quatrième groupe de manifestants se rend dans la soirée et à deux reprises différentes rue Clauzel : plusieurs magasins ont été saccagés et les scènes de pillage n'ont cessé que lorsque cette rue a été occupée militairement.

INCENDIE AUX VOUTES

La place de la République, d'un côté, la place du Gouvernement, de l'autre, se trouvant bloquées, les manifestants, à neuf heures et demie envahissent la rue Clauzel, où ils brisent la devanture de plusieurs magasins. Les gendarmes, puis les chasseurs d'Afrique les dispersent. Un groupe important se rend alors rampe Chasseloup-Laubat, où deux magasins juifs sont pillés, un feu de joie est d'abord allumé au millieu de la chaussée, avec des débris de caisses, des marchandises de toutes sortes et les livres de comptabilité.

Mais, avant de s'éloigner, en apercevant la police et les gendarmes qui accourent au pas gymnastique, on jette des débris enflammés dans les magasins S. Chiche.

Une flamme intense jaillit bientôt à l'extérieur : l'entrepôt renferme des matières inflammables et des alcools. A coup de crosse, les zouaves, envoyés en toute hâte sur les lieux, enfoncent ce qui reste de la devanture. On parvient à sauver quelques marchandises, mais la plupart sont consumées.

Au bout d'une heure de travail, les pompiers éteignent complètement l'incendie. On n'a pu exactement évaluer les dégâts qui sont assez sérieux.

A la suite de cet incendie, deux arrestations ont été opérées : celles d'Antoine Cardona, charretier, et de Moussa ben Mohamed, un gamin d'une douzaine d'années qui ont été enfermés à la geôle.

LES ARRESTATIONS

A onze heures et demie du soir, on comptait au commissariat central, cent quatre-vingt-dix-huit arrestations, d'anti-juifs, de juifs ou d'indigènes.

Parmi ces arrestations, à signaler celle d'un des agresseurs de notre confrère Sicard : il a été arrêté à onze heures du matin, dans la rue de la Lyre, par l'agent Alvitu. C'est un nommé Samuel Seban, âgé de vingt-deux ans, coupeur de tabacs ; il a été écroué.

A une heure du matin, les manifestants se retirent, mais les troupes gardent encore leurs positions.

Tous les individus arrêtés sont, au dernier moment, extraits du commissariat central et transférés dans les geôles du Palais-de-Justice.

Ajoutons que le Parquet a siégé en permanence.

A MUSTAPHA

A onze heures et demie du soir, environ trois cents manifestants se rendent à Mustapha, en chantant et en criant : ils n'ont commis aucun dégât.

Au carrefour de l'Agha, ils rebroussent chemin par la rue Michelet, entrent rue d'Isly, où en face le poste des Sapeurs-Pompiers, ils dévastent le magasin d'un marchand de farines, dans lequel un commencement d'incendie, promptement éteint d'ailleurs, est allumé.

Des agents dispersent le groupe un peu plus loin.

A SAINT-EUGÈNE

Une bande de cent manifestants s'est rendue, hier, vers 4 heures, à Saint-Eugène.

Dès leur arrivée dans la commune, M. Probst, adjoint, avec quelques agents, s'est rendu au devant d'eux.

— Vous pouvez crier, leur dit-il, tout à votre aise, parcourir la ville, mais je compte sur vous pour ne rien briser, ne toucher à rien.

Les manifestants ont, en effet, parcouru les diverses rues de la ville, en criant et en chantant, puis ils sont repartis pour Alger, sans qu'aucun dégât ait été commis.

Mais, à onze heures du soir, un nouveau groupe d'environ cinq cents personnes s'est rendu de nouveau à Saint-Eugène.

Sur la route, au « Rocher de Cancale », les manifestants ont saccagé cet établissement ; le piano a été jeté à la mer.

A leur arrivée à Saint-Eugène, ils ont brisé les devantures des magasins juifs de la localité. Le débit Larédo, la pharmacie Valensi, l'épicerie Saffar et le magasin Darmon ont été mis au pillage.

Le retour des manifestants a eu lieu à deux heures du matin.

Un peloton de gendarmes à cheval qui avait été prévenu des faits qui se passaient à Saint-Eugène, est parti à une heure quarante-cinq du matin d'Alger, mais il n'a pu joindre la manifestation qu'à son retour, à la Consolation.

Les gendarmes ont empêché les manifestants de rentrer en groupe à Alger.

(*DÉPÊCHE ALGÉRIENNE* du 25 Janvier 1898).

D'abord, tumulte d'étudiants tapageurs, mais inoffensifs, auxquels se mêlait la jeunesse citadine ; ensuite bris de carreaux par les gamins des rues, puis enfoncement des vitrines ; enfin attaque organisée des devantures par les démolisseurs aussi habiles qu'enragés et comme couronnement, dévastation méthodique des magasins avec accompagnement de pilleries.

Toute la gendarmerie et toute la police préfectorale, avec l'armée venue à la rescousse, n'ont pu préserver du pillage une seule des boutiques qui y avaient été ostensiblement condamnées.

De telle sorte que, parallèlement à l'action stérile de la force publique sans direction utile, s'organisait spontanément la stratégie très alerte et très active des démolisseurs.

A ce spectacle, — qui était comique avant de tourner au tragique, — le public toujours enfant, s'esclaffait comme s'esclaffent inévitablement les « gosses » à la comédie classique de Guignol rossant le commissaire.

Ils ont cru qu'avec les commissaires de police conduisant ces pauvres « sergots » (trois francs par jour), il suffirait de quelques brutalités, avec quelques gendarmes à cheval, pour avoir raison des manifestations antijuives. Ils ont commis une grossière erreur, une irréparable, une criminelle faute.

CHARLES MARCHAL.
Vice-Président du Conseil Général.

(*TÉLÉGRAMME ALGÉRIEN*).

LES FUNÉRAILLES DE CAYROL

Voici la proclamation que Max Régis a distribué dans l'après-midi d'hier :

CITOYENS,

« Félix CAYROL, mort victime d'un assassinat de la part des juifs, sera enterré, demain mardi, à 10 heures du matin.

« Nous convions la population à assister aux funérailles de notre ami. Citoyens, rendez-vous demain, à 10 heures du matin, rue Duquesne, 22, Alger.

« Le journal l'*Antijuif* a tenu à faire enterrer, à ses frais, le malheureux Cayrol ».

RETOUR DES FUNÉRAILLES DE CAYROL

Les actes de représailles ne tardent pas à s'accomplir.

Avenue Malakoff, à hauteur du n° 69, un tramway à traction animale se dirigeant sur Saint-Eugène, est arrêté ; les chevaux sont mis dans l'impossibilité d'avancer, et les manifestants font descendre les voyageurs. L'un d'entre eux, le nommé Schebat Aaron, qui se trouvait sur la banquette de devant, reconnu comme juif par la foule, est, malgré ses protestations de citoyen français, criblé de coups de pierres.

De nombreux coups de canne lui sont en même temps porté à la tête, et il tombe inanimé.

Recueilli par la famille Cohen, il a été transporté au domicile de cette dernière, et pansé en attendant l'arrivée de M. le docteur Chevalier, requis en toute hâte.

L'état de cette première victime est des plus graves (1).

Mais ces premières représailles ne suffisent pas.

Les manifestants, continuant leur route, arrêtent bientôt un nouveau tramway à la hauteur de la Salpétrière.

Le nommé Alphonse Azoulay, âgé de 27 ans, qui se trouve à l'intérieur du véhicule, est alors frappé d'un coup de couteau au côté gauche et de nombreuses contusions au niveau de la nuque et au sommet de la tête.

Le blessé, transporté à l'hôpital du Dey, reçoit un premier pansement du docteur Chevalier, puis est transporté à son domicile, boulevard Gambetta, à Saint-Eugène.

— Un deuxième voyageur, le nommé Adda Aaron, âgé de 21 ans, employé de commerce, est également assez malmené à coups de pierres. Mais son état n'a rien d'inquiétant : des ecchymoses, une légère blessure à la tête ; dans quelques jours, il sera sur pied.

---

(1) Ce malheureux est mort quelques instants après, on n'a pas retrouvé ses assassins.

DEVANT LE LYCÉE

INTERVENTION DES TROUPES

Arrivés devant le Lycée, les manifestants se voient barrer le passage par un cordon de Chasseurs d'Afrique et des agents ayant à leur tête le commissaire central.

M. Paysant est hué par la foule : « A bas l'assommeur ! crie-t-on de toutes parts ; démission ! démission ! »

La manifestation est, à ce moment, quelque peu dispersée. Cependant, un groupe important passe sur le boulevard Amiral-Pierre en chantant la *Marseillaise* et en poussant les cris de : « A bas les juifs ! Mort aux assassins ! »

Deux piquets de zouaves, ainsi que des agents de la Sûreté et des gendarmes interdisent l'entrée des rues de la Licorne et Brueys, aboutissant boulevard Amiral-Pierre.

NOUVELLE AGRESSION

La tête de la colonne est compacte. Subitement, elle s'arrête boulevard de France et un léger mouvement se produit à l'entrée de l'escalier situé sur le redan.

Nous distinguons, alors, un homme de 25 ans environ, vêtu d'un veston marron clair et d'un pantalon noir, qui se faufile le long de la rampe du boulevard dans la direction de l'Amirauté. A peine s'est-il séparé de la foule qu'il lance une provocation.

Aussitôt, l'homme est renversé sur le trottoir et vingt bâtons s'élèvent et s'abaissent sur lui, avec une rapidité vertigineuse.

Le malheureux se relève cependant et essaye de traverser le boulevard ; au milieu de la chaussée, devant un tramway, il retombe ; aussitôt le cri de : « A mort le juif ! Vengeons les Français ! » retentit ; les coups redoublent.

Enfin, les manifestants se retirent laissant leur victime étendue à terre assez dangereusement blessée.

Deux jeunes gens Français, MM. Charras Louis, employé au P.-L.-M. et son frère Fernand, relieur, transportent le blessé à la pharmacie de la Préfecture, place Soult-Berg.

La victime de l'agression que nous venons de raconter est le nommé Zéraffa Henri, âgé de 28 ans, demeurant boulevard Amiral-Pierre, associé de M. Meffren, représentant de commerce, rue Colbert.

M. Zéraffa a reçu les premiers soins à la pharmacie de la Préfecture. Il porte à la tête plus de 15 blessures produites par des coups de canne ; il est atteint, en outre, de trois coups de couteau : l'un au côté droit de la poitrine, l'autre au défaut de l'épaule droite, le troisième au-dessus de l'arcade sourcillère droite. Ces blessures sont assez sérieuses.

Après avoir été pansé, M. Zéraffa a été reconduit chez lui par M. Faure, inspecteur de la Salubrité.

M. le docteur Rouquet lui a prodigué ses soins.

(*TÉLÉGRAMME ALGÉRIEN* du 26 janvier 1898).

A BOUFARIK

Nous avons déjà, hier, annoncé brièvement les troubles qui se sont produits à Boufarik. Aujourd'hui, nous recevons des détails complémentaires qui nous paraissent intéressants à publier, sur l'ensemble des manifestations antisémites qui se sont déroulées là-bas :

Donc, Max Régis a fait à Boufarick une conférence qui a pleinement réussi. De mille à douze cents personnes y assistaient. Le calme le plus parfait n'a cessé de régner, malgré les applaudissements enthousiastes adressés à maintes reprises au champion de l'antisémitisme auquel des ovations continuelles ont été faites depuis son arrivée, c'est-à-dire, depuis trois heures de l'après-midi jusqu'à son départ qui a eu lieu à 11 h. 1[2 du soir. Pas de désordres à signaler, si non quelques bris de vitres en ville, chez divers juifs et une glace chez Aron Amar.

Mais il n'en a pas été de même le lendemain. Dès huit heures du matin la manifestation recommençait et le soir elle battait son plein. Les juifs qui s'apprêtaient à faire bonne recette à cause du marché hebdomadaire ont dû fermer leurs portes. Trois bouchers d'Alger ont dû fuir le marché sans avoir rien acheté. Un marchand de chaussures qui avait installé sa tente et qui ne voulait pas s'en aller de bon gré s'est vu enlever toutes ses marchandises qui ont été jetées en dehors du marché.

On a dévalisé les magasins de Benaya, épicier, Cohen, cordonnier ; le logement de Bitoun, celui d'Aron Amar, les magasins d'Achouche, épiciers, frère et sœur, la Synagogue, un Café juif situé rue Victor-Hugo, sans compter les bris de vitres qu'on ne peut dénombrer.

(*TÉLÉGRAMME ALGÉRIEN* du 26 janvier 1898, n° 468).

QUATRIÈME PARTIE

LES CONSÉQUENCES

Les conséquences des troubles d'Alger sont très graves ; elles ont été appréciées par des personnalités qui ne peuvent être suspectées un seul instant, appartenant toutes à la rédaction du *Télégramme Algérien* qui s'est toujours montré hostile aux Juifs. C'est le docteur Gérente, le chef du parti de la protestation radicale, sénateur d'Alger, c'est M. Marchal, élu sur le programme Drumontiste, c'est M. Cat, docteur ès-lettres, professeur aux écoles supérieures d'Alger, un des plus fervents adeptes de la candidature antijuive Samary.

Laissons-les parler :

APRÈS LA BAGARRE

Les manifestations d'Alger ont pris fin.

Les tumultes de la rue ont cessé.

Il règne même dans nos rues un silence inaccoutumé.

La ville, malgré le beau soleil d'aujourd'hui, avait l'aspect triste.

La présence des escadrons et des bataillons campés sur nos

places publiques, ainsi que les multiples patrouilles d'infanterie et de cavalerie qui s'effectuent dans tous les sens, sont incontestablement pour quelque chose dans cette pacification, mais nous avons des raisons de croire qu'aussi l'émeute elle-même est fatiguée — autant que satisfaite.

D'ailleurs, il y a des morts de part et d'autre et chacun pense qu'il y en assez comme cela...

« En voilà assez » se sont dit les manifestants pacifiques que la fatigue a gagnés et qui se sont vus débordés par les démolisseurs.

« En voilà assez », ont dit également les Algérois stupéfaits de constater comment les manifestations avait dégénéré en violences policières, en dévastations dangereuses, suivies de mort d'homme.

« En voilà assez » ont dit à leur tour les officiers et soldats qu'une étrange consigne a réduits à pivoter pendant plusieurs journées sur la chaussée glissante et à défiler, l'arme au bras, devant les magasins qu'ils laissaient démolir.

Si l'incurie d'une administration supérieure aveuglée ne laisse pas commettre impunément de nouvelles provocations, on peut espérer que le calme va renaître.

Il est temps que ce cauchemar finisse.

Nous avons parcouru aujourd'hui la ville et la banlieue. Tout est morne et triste. Les rues sont vides. Les magasins restés ouverts ne reçoivent aucun client.

On réfléchit aux conséquences matérielles de cette perturbation qu'on s'étonne d'avoir vu durer si longtemps.

Le commerce est paralysé. Les achats, sauf l'alimentation indispensable, sont suspendus. Les spectacles sont fermés. Hier et avant-hier, au Grand-Théâtre, il s'est présenté dix-huit spectateurs, et on a rendu l'argent.

Aujourd'hui, la troupe campe sous le péristyle et sur les escaliers du Grand-Théâtre ; il n'y a même pas eu d'affiches, en cette ville insouciante et gaie qui danserait sur un volcan.

Les passants, curieux — mais, cette fois — ne riant plus — vont voir, rues Bab-Azoun et Bab-el-Oued, ce qui reste des boutiques juives que l'autorité *supérieure* aurait pu, sans doute, défendre.

La fin du mois prochain, les échéances de février, le vide des magasins — et des caisses — ont rendu soucieux tous les visages algérois.

On peut commencer à supporter les conséquences matérielles de cette bagarre d'une semaine.

Combien de millions de marchandises ont été détruites et dilapidées ? Les victimes exagéreront assurément leurs pertes qu'il va être difficile de chiffrer.

Mais comme il sera surtout impossible de chiffrer les pertes d'argent qui seront la conséquence des pertes de marchandises et de l'arrêt des affaires, non seulement pour les commerçants, mais pour les ouvriers et employés de toute catégorie par suite de chômage.

Malheureusement, c'est *le monde du travail* qui va payer les fautes commises et les déprédations qu'on aurait pu rendre moins nombreuses.

Les grands personnages rétribués si chèrement pour maintenir la sécurité, pour prévenir les désordres, pour assurer la justice à tous, qui représentent la France (Dieu sait comment!) Ceux-là n'ont qu'une échéance à prévoir : c'est celle de leurs *appointements*. La ruine de la cité et la suspension du commerce ne diminuent pas d'un centime leurs gros émoluments.

Souhaitons, au moins, que les élus de la population algéroise sachent dégager hautement les responsabilités véritables de la situation actuelle.

Nous prendrons notre part de cette mission de vérité et de justice.

(*TÉLÉGRAMME ALGÉRIEN*)
du 27 janvier 1898, n° 469.

EN TEMPS DE TROUBLES

Les troubles de ces jours derniers peuvent avoir les plus fâcheuses conséquences. D'abord notre commerce, déjà si précaire, va être singulièrement paralysé ; les engagements pris par ceux qui ont été les victimes d'actes de brigandage ne seront pas tenus ; les industriels français confondront peut-être dans une égale méfiance les négociants juifs et les autres ; il faudra pour recevoir les marchandises, payer comptant ou donner une couverture. Le crédit qu'on nous fait avec tant de parcimonie se raréfiera encore. De là un arrêt dans les affaires, des faillites et des ruines.

Mais il y a quelque chose de plus grave encore, c'est le discrédit moral où nous allons tomber. Nous ne sommes pas déjà fort appréciés en France : on feindra de croire qu'il n'y a là qu'une question de religion, alors qu'il n'en est rien, car, en matière religieuse, nous sommes la société la plus tolérante, ou si l'on veut la plus sceptique qu'il y ait ; on dira que nos commerçants ont voulu frapper et abattre des concurrents heureux ; on parlera d'une assimilation à rebours et d'une influence de milieu qui nous ramèneraient au niveau des plus sauvages indigènes. On nous reprochera de n'être pas de vrais fils de cette France qui a jeté dans le monde les grands principes de liberté, d'égalité et de fraternité des hommes. On se refusera de plus en plus à venir ici apporter du travail ou des capitaux.

Il faut répéter aux hommes qui se mettent en avant, qui entraînent les foules : Soyez prudents ! A la suite des manifestations pacifiques, viennent les démolisseurs de magasins et la tourbe des voleurs dont vous ne pourrez pas vous rendre maîtres.

Derrière les Français de race, dont le cœur bat pour de nobles idées, il y a des hommes sans foi ni loi, professionnels du désordre et du crime, la lie qui monte à la surface des grandes villes dans les jours d'émeute ; il y a toute une foule cosmopolite qui n'a rien pris de nos idées et de nos mœurs, une masse d'étrangers qui ne devraient pas avoir voix au chapitre, quand il s'agit de notre honneur ou de nos droits.

Le mot d'étrangers n'est pas pour moi synonyme d'ennemi. J'aime les Espagnols pour leur noblesse de caractère, pour la franchise de leur langage ; j'ai parmi ceux d'entre eux, qui se sont francisés, nombre d'amis, et j'affectionne leur pays, où j'ai vécu, à tel point, qu'à défaut de la France, je le choisirais pour Patrie. Mais je ne puis oublier qu'à côté d'hommes honorables, il est venu d'Alicante et d'ailleurs, des gens sans aveu, qui ne pouvaient rester sur la terre natale et que, dans des jours d'émeute, ils pourraient révéler leur âpre intolérance et leurs instincts sanguinaires. Ils ne l'ont pas fait et je suis heureux de voir que, parmi les condamnés pour vol, il n'y a pas un des leurs. Mais qui sait ce qui adviendrait si le désordre devait durer.

Combien j'estime moins l'Italien ! Comme toujours, il faut se garder d'envelopper tous les hommes d'un même groupe dans un même anathème. Je sais des Italiens fort honorables et qui sont devenus de vrais Français ; mais c'est le petit nombre, mais la masse nous est peu sympathique et garde pour nous des sentiments perfides et une duplicité que leur nation nous a fait assez voir dans le domaine politique.

Surtout les Indigènes sont à redouter. Le désordre de la rue pourrait leur faire croire qu'on est revenu au temps des Turcs, où on massacrait sans distinction juifs et chrétiens. C'est une population passionnée, brutale, ivre en temps de rhamadan et toute prête à assouvir de vieilles rancunes.

Ces considérations devraient arrêter les vrais Français, si l'intention leur venait d'organiser de nouveaux désordres. Qu'ils manifestent pacifiquement comme on fait aux meetings de la libre Angleterre, qu'ils promènent même par les rues leurs chapeaux avec les banderoles portant leurs revendications, je n'y verrais, pour ma part, nul inconvénient ; mais vociférer contre une catégorie d'habitants, mais jeter le désordre dans la cité, mais compromettre le commerce, attenter à la propriété et à la vie des hommes, quel qu'ils soient, ce sont des actes contraires à la dignité de notre civilisation et de notre race. Les vrais Algériens se sont déjà ressaisis ; ce n'est pas par la violence, mais par les voies légales qu'ils poursuivront désormais leurs revendications.

EDOUARD CAT,
Professeur de Faculté.

(*TÉLÉGRAMME ALGÉRIEN* du 30 Janvier 1898).

LES RESPONSABLES

Une pensée s'impose à propos des troubles d'Alger : c'est la raison qui puisse expliquer l'importance, la durée, et l'impunité des dévastations commises.

Les femmes même, avec les enfants, rassemblées par une irrésistible curiosité, riant, approuvant les manifestants, sans qu'elles eussent aucune conscience de l'explosion qui se préparait étaient bousculées sans merci ; mais d'unanimes protestations accueillaient les agents conspués par la foule, pendant que les gamins agiles commençaient à « déquiller » les enseignes à coups de cailloux et cassaient les vitres par dessus la tête des passants ou des agents.

Lorsque la dévastation a commencé, sous les yeux du public stupéfié, la force publique n'a rien fait pour l'arrêter.

Cependant, toute la garnison était, à ce moment, dans les rues. Les escouades de police occupaient les places avec les régiments. C'est au milieu même de tout ce déploiement militaire que se sont accomplies des destructions totales, méthodiques — comme celle qui s'est faite aux Quatre Nations, chez M. Larade, laquelle, à dire d'experts, a dû demander au moins deux heures d'efforts aux démolisseurs — comme celle du magasin Ziza, en plein boulevard Carnot, où l'on a arraché, brisé et vidé un énorme coffre-fort, tout en détruisant les marchandises — comme celle de la rue d'Isly, au Petit Louvre, en face du Casino, qui s'est consommée en plusieurs reprises; et comme bien d'autres qui ont eu mille témoins et quelques douzaines d'acteurs à peine.

Mille témoins aussi ont vu, après l'attaque des magasins par des manifestants qui détruisaient scrupuleusement, sans rien soustraire, les pillards, hommes et quelquefois femmes et enfants qui venaient s'approvisionner et s'en allaient sans encombre.

Ces faits inouïs, imprévus, incroyables, se sont-il accomplis dans les quartiers inaccessibles et barricadés d'une Babylone immense et sur des points isolés dont l'extrême éloignement rendait la surveillance difficile ou impossible? Non pas. C'est dans les rues ouvertes des quartiers les plus accessibles, en plein boulevard, en pleine lumière, dans un espace de un kilomètre tout au plus, que les magasins ont été défoncés, détruits, pillés, et que leurs débris ont même été incendiés comme en feux de joie au milieu de la chaussée.

C'est sous les yeux de l'autorité préposées à la sécurité publique, à quelques pas des soldats et des escouades qu'ont été défoncés les étalages et que les marchandises ont été jetées à la rue. Les destructeurs impunis en étaient arrivés à se faire un jeu de lacérer les vêtements, de lancer en l'air les objets, si bien que M. Lépine lui-même, en faisant une sortie personnelle, mais tardive, qui, d'ailleurs, n'a interrompu ni les manifestations, ni les dégâts, a vu danser, autour de sa tête, plus d'une valise ou d'un veston qu'on jetait vers lui comme par dérision.

Tous les Algérois ont vu ce tableau vraiment extraordinaire

qui a duré d'assez longs jours, et s'est renouvelé assez souvent dans la semaine pour que les passants les plus attardés et les fonctionnaires les plus casaniers aient pu, à leur tour, venir le contempler à loisir, et que les hiverneurs-photographes et les étrangers y soient venus en amateurs comme aux spectacles du Comité d'Hivernage.

Pourquoi la force publique, militaire et policière, n'a-t-elle pas arrêté les premiers démolisseurs de vitrines? Pourquoi n'a-t-elle pas appréhendé les envahisseurs des magasins? Pourquoi les soldats ont-ils été employés au milieu de la chaussée à des parades qui poussèrent à la fois les manifestants, les passants et les démolisseurs contre les magasins, au lieu de former précisément un cordon de troupes qui se fût aligné le long des magasins facilement préservés, et eût refoulés tous les manifestants au milieu de la chaussée ?... Pourquoi?

Comment des personnages revêtus d'un grade important dans la force publique qui emplissait les rues, ont-ils pu hésiter, refuser même quand on les invitait à faire courir leurs soldats au secours des boutiques démolies, et comment ont-ils pu répondre qu'ils n'avaient *pas d'ordres* pour cette intervention? Est-ce qu'il y a besoin d'ordres spéciaux pour des événements pareils? Est-ce que les lois (la loi pénale criminelle de même que la loi militaire) n'ont pas fait un devoir à tout dépositaire de la force publique, et même à toute personne, de saisir l'auteur d'un *flagrant délit?*

Est-ce que l'article 106 du Code d'instruction criminelle n'a pas une disposition analogue dans le règlement militaire du service des places?

Est-ce que chaque soldat ne sait pas qu'il doit arrêter un malfaiteur, sans hésiter, quand la clameur publique le lui signale, quand un particulier appelle *au secours!* et qu'il doit courir comme à son devoir quand il entend crier *au feu!* ou *au voleur!*

Charles MARCHAL,
Vice-Président du Conseil Général.

(TÉLÉGRAMME ALGÉRIEN
du 31 Janvier 1898, n° 473),

L'ABAISSEMENT DES JUIFS

Enfin le flot a débordé.

Un raz-de-marée terrible s'est levé, balayant le prestige de la juiverie comme un fétu, semant des ruines par la ville et du sang par les rues, et laissant dans les âmes troublées la sensation d'un tremblement de terre.

La mer furieuse s'est apaisée — sans que l'on sache si c'est pour longtemps. Elle a laissé là le juif, comme un noyé que le flot abandonne sur la rive. Mais si l'émeute l'a lâché, il se sent aussi abandonné de tout et de tous, de Dieu et des hommes.

L'autorité supérieure n'a pas su le défendre. Ni la police préfectorale, ni les gendarmes ou les soldats n'ont empêché le sac des boutiques juives et le pillage des marchandises.

C'est en cavalcadant, même en riant, que la force publique a assisté à la dévastation de tout un quartier.

Cette sensation cruelle de leur abandon, les Juifs ne l'ont-ils pas éprouvée du Gouverneur lui-même, sur lequel ils semblaient le plus compter ? Lorsque M. Lépine, en personne, traînant après lui le Préfet apeuré, a cru devoir assister officiellement aux obsèques du malheureux maçon Cayrol, assassiné traîtreusement pendant une manifestation antijuive et, lorsqu'ils ont vu ces obsèques se terminer par le massacre d'un juif qui passait, victime des fureurs d'une foule assoiffée de représailles, les juifs ont pensé peut-être que le Gouverneur, à titre de réciprocité, viendrait aussi saluer le cercueil de cette victime. Mais on a enterré ce pauvre juif, à la nuit tombante, sans cortège et sans bruit...

Voilà les juifs abandonnés par ceux-là même qu'ils ont aidés à monter sur le pavois ; reniés par les politiciens qu'ils ont suivis le plus servilement depuis dix ou vingt ans. Les voilà conspués par leurs complices ou leurs associés des syndicats électoraux dont ils ont assuré longtemps le succès ; et le dernier coup de pied leur sera donné par ceux même qui ont fait fortune avec eux.

Il y a, de ce côté, une étrange émulation dans l'outrage. C'est comme un steeple-chase de la haine où les tard-venus veulent gagner en énergie le temps perdu.

C'est à qui sera le plus violent.

C'est à qui formulera les propositions les plus farouches, surtout parmi les hommes publics auxquels l'opinion prête des ambitions politiques et des calculs électoraux, mais cette interprétation vraie, ou fausse, de leur violence, montre quelle animadversion profonde, immense, on sent dans la masse populaire et électorale.

Que font les Parlementaires, que répondent les Conseillers généraux ou municipaux sortis des scrutins juifs ? Ils font chorus... avec les antijuifs. Que disent les candidats et les journaux de l'opportunisme ? Eux aussi, en viennent à proclamer indispensable l'abrogation de ce décret Crémieux qui a fait, cependant, les *bourgs-pourris*, remparts de leur parti.

Quel leçon pour les politiques ! Et quel tableau pour les philosophes !

L'isolement, l'effondrement moral des juifs est tel aujourd'hui que tout le monde s'en écarte — ou affecte de s'en écarter — comme du bouc puant d'Israël. Le vide se fait autour d'eux. On dirait que le sol même va se dérober sous leurs pas.

CHARLES MARCHAL,
Vice-Président du Conseil Général.

(*TÉLÉGRAMME ALGÉRIEN* du 10 Février 1898).

OPINION DU SÉNATEUR D'ALGER

SUR LES DERNIERS ÉVÉNEMENTS

LES PILLAGES

Protestation de M. JOURDAN, Conseiller Municipal de Mustapha

J'interromps, aujourd'hui, la série méthodique que les études où je m'attachais à préciser la caractéristique de notre politique, à en énumérer les idées essentielles, et à fixer, par conséquent, les articles principaux du programme commun sur lequel nous pourrions tous nous entendre en Algérie, entre bons travailleurs. J'y reviendrai bientôt.

J'ai pour l'heure présente, à dire ce que je pense des derniers évènements.

Il s'y est produit tout un pêle-mêle de sentiments et d'actes, qui a recouvert et brouillé d'éléments impurs l'idée vraie du peuple algérien.

C'est de cette tourbe qu'il faut, au plus vite, nous séparer : c'est elle qui compromettrait, auprès de la Métropole même, comme auprès de tout homme juste, la légitimité de notre réclamation ; c'est elle, si nous nous attardions avec elle en la moindre solidarité, qui nous rendrait odieux.

Quelle que soit l'idée qui nous guide — et j'aurai à la préciser ultérieurement — c'est nous déshonorer que de descendre à des meurtres, à des pillages et de les tolérer, fût-ce une minute, d'où qu'ils viennent : nous nous devons de les condamner, d'aider à les réprimer énergiquement, dès la première heure et d'en prévenir à jamais le retour. Nous le devons à la Grande révolution de 89, dont nous sommes les fils, qui renversant les trônes et les autels, a mis la loi républicaine, immuable, juste et égale pour tous, en place de la Toute Puissance divine ou royale, si mobile, si arbitraire, si brutale ; et qui, à la face du monde religieux a proclamé, a déclaré les Droits de l'Homme.

Traîtres à l'humanité, les agents provocateurs qu'inspire en réalité quelque vil et ténébreux intérêt, mais qui voudraient en faire accroire, et se déclarent des nôtres ; les meurtriers, les voleurs, les exploiteurs trahissent et perdent notre cause.

Ce sont eux, en effet, que s'empressent de dénoncer nos adversaires, les confondant avec nous, dénombrant leurs vilenies, rapportant leurs attentats, et nous les attribuant. Nos adversaires, s'aidant ainsi de ces malfaiteurs comme de perfides auxiliaires, cherchent à en répercuter l'horreur sur nous, et, par suite, à détourner de nous toute sympathie dans la Métropole : car ils réussiraient ainsi, ils le savent bien, à nous faire du même coup refuser toute justice ; ils persisteraient à triompher. Voilà la manœuvre, singulièrement trouble, voilà le danger dont il fallait encore, au plus tôt, nous garer.

Heureusement, j'ai pu, ces jours-ci (et il y avait urgence), montrer à nos collègues du Parlement, au Ministère de la Métropole, l'ordre du jour si catégorique du Conseil Municipal de Mustapha, où, après avoir formulé les revendications qui sont adresseés aux pouvoirs publics, il formule aussi très nettement la condamnation dont doivent être flétries les sauvageries récentes. Il n'est aucun homme de cœur qui puisse y rester indifférent : En Algérie, en France, il n'en est pas un, qui ne s'y soit associé de tout son être et dès lors ne nous approuve. Voilà ce que nous sentons, voilà ce que nous pensons, puis-je dire haut et ferme, à Paris, au nom des Algériens : on n'a plus le droit de nous vilipender : examinez maintenant nos réclamations, et avouez-en la justice.

Cet ordre du jour, tous, ici, à Paris, y ont applaudi, reconnaissant enfin notre haine de l'injuste, notre horreur du crime, la profonde honnêteté de notre indignation ; et consentant dès lors à ne plus nous appliquer la honteuse solidarité qui eût perdu notre cause. Je tiens à reproduire ici les termes de cette protestation, si vibrante, que, par un vote unanime, le Conseil Municipal de Mustapha a fait siens, en sa séance du 2 février.

« Les événements de ces jours derniers appellent une protes-
» tation indignée de tous les hommes de cœur.

« Nous nous faisons l'écho d'un grand nombre de concitoyens
» en flétrissant les scènes d'assassinat, de pillage et de vol qui
» nous ont fait descendre au dernier rang de l'humanité.

« Nous ne pouvons, sous le couvert de nos aversions de race,
» rester solidaires des misérables qui assomment des passants
» inoffensifs, et qui emportent jusqu'au dernier objet des maga-
» sins ouverts à leur basse rapine.

« Il faut qu'on sache que, si vous êtes l'ennemi des juifs, si
» vous demandez à les rejeter des rangs des électeurs, cela ne
» vous a pas fait oublier votre rôle d'hommes civilisés, de
» libres citoyens d'une République où les plus importantes
» réformes ne dépendent que du bulletin de vote.

« La matraque n'est un argument qu'entre les mains des bru-
» tes. Nous n'avons pas conquis ce pays sur les Turcs, pour
» faire de nos cités des bourgades d'Arménie où des bandes en
» fureur assassinent et pillent. Nous ne sommes pas faits les
» tuteurs de trois millions d'Arabes pour leur donner l'exemple
» de sauvageries inqualifiables.

« Au reste, il ne s'agit pas ici de la question juive. Il s'agit
» d'une question d'humanité et de dignité nationales. Nous ne
» faisons pas appel à des politiciens : nous faisons appel à des
» Français jaloux du bon renom de la France.

« Groupons-nous pour jeter notre mépris à la face des assas-
» sins et des voleurs. »

Il était bon qu'une assemblée élue, que le Conseil Municipal de Mustapha montrât ainsi son assentiment unanime, élevât ainsi la voix et dégageât ainsi le vrai peuple de cette tourbe populacière avec laquelle nos adversaires essayaient de le confondre et de le perdre. Cette voix autorisée est entendue aujourd'hui : et forcément, vont se taire nos accusateurs. Il n'était que temps.

Dès lors, aussi, vont pouvoir être étudiées avec plus de sympathie, examinées avec plus de justice, par la Métropole, nos réclamations.

Quelles sont-elles ? Quel en est l'esprit vrai ? Comment, enfin, y peut-il être satisfait, sans violer aucune notion du droit humain, mais, au contraire, en nous conformant plus logiquement, plus fidèlement, aux principes civiques de notre Constitution républicaine ?

C'est ce que j'exposerai dans ma prochaine étude.

Docteur PAUL GÉRENTE.
Sénateur d'Alger.

(*LE TÉLÉGRAMME ALGÉRIEN*, numéro du 17 février 1898).

A PROPOS DES TROUBLES

De la *Vigie :*

Ces radicaux-socialistes antijuifs sont sujets à des lubies parfois drôles.

C'est ainsi que le « seul » organe antijuif d'Oran déchaîne ses foudres en carton pâte sur un indigène du nom d'Ali Mahieddine qui a fait preuve du zèle et d'énergie en contenant les Arabes du village Nègre, prêts à se joindre à la manifestation qui a eu lieu à Oran, comme à Alger.

On ne peut pourtant pas songer sans frémir aux conséquences qu'aurait eue l'invasion de plusieurs milliers d'Arabes dans les riches quartiers de la ville. Ils n'auraient pas tardé à confondre les magasins français avec les magasins juifs.

Mais il paraît que tout le monde n'a pas la même façon de comprendre le devoir civique.

M. Ali Mahieddine, qui est interprète judiciaire, adjoint au maire d'Oran, officier de la Légion d'honneur est l'objet d'un article odieux de la part du journal où fleurit le belge Bidaine. On lui fait un crime de ce qui devrait lui valoir des éloges et la reconnaissance de tous.

C'est du joli, et c'est surtout d'une bonne politique.

Il est certainement très d'actualité d'être antijuif, et la petite émeute de l'autre jour est sans doute pour plaire à quelques-uns.

Nous nous garderons bien de les chicaner sur ce point des goûts et des couleurs...

Mais il est désolant de trouver des appréciations comme celles de la *Dépêche Tunisienne*. Les voici : Elles ne sont pas en notre faveur :

« Nous constatons avec joie que nous ne subissons pas, en Tunisie, le contrecoup de l'agitation antisémite qui trouble en ce moment la France et ensanglante l'Algérie.

« Cela est un grand éloge pour notre colonie qui, certainement, continuera à le mériter.

« Nos concitoyens comprennent combien est affligeant le spectacle d'événements pareils à ceux qui déshonorent Alger depuis trois jours.

« Ici, nous songeons à travailler dans l'union de tous, chacun à sa place et chacun à sa tâche.

« Nous savons qu'il y a au moins une sottise dans les manifestations de la rue où, derrière les imprudents qui crient, surgissent les malfaiteurs qui volent ; où le jeune enthousiaste subit, sans s'en douter, la promiscuité du repris de justice. Le tribunal d'Alger a raison de se montrer sévère pour ceux qui sont traduits devant lui. Le tribunal de Tunis ne manquerait pas de l'être aussi.

« Du reste, la Tunisie recueille dès à présent les fruits de sa conduite : *depuis deux jours sont arrivés ici de nombreux hiverneurs fuyant les violences algériennes.*

« Notre attitude, en cette occasion, fera beaucoup pour notre réputation. Elle attirera et retiendra dans notre capitale les étrangers que nos voisins *turbulents n'auront pas su garder.* Nous avons toujours dit que l'avenir de Tunis était dans son développement comme station hivernale. C'est là que le commerce tunisien trouvera l'un de ses principaux aliments.

« Nous félicitons donc la population de sa sagesse, qui est habile autant qu'elle est digne. »

Et cependant, en Tunisie, les Juifs sont deux fois plus nombreux qu'en Algérie.

Et pendant qu'en Algérie on se déchire, on s'injurie, on se diffame, on se bat et on pille les magasins, la Tunisie prospère.

La leçon est cruelle.

CINQUIÈME PARTIE

APOLOGIE DU CRIME

Un personnage municipal, M. le Maire de Mustapha, n'a pas craint d'attiser les passions déjà surexcitées, en prononçant les paroles suivantes au meeting organisé durant les mémorables journées de janvier 1898.

DISCOURS DE M. PRADELLE

» Français ! s'est-il écrié :

» Je vous remercie du fond du cœur de l'honneur que vous venez de me faire en m'élevant à la présidence de cette réunion, éminemment patriotique et française.

» Patriotique, parce que nos cœurs battent à l'unisson, pour flétrir ceux qui par la puissance de leur argent, ont cherché à ternir la France et son armée ; française, parce qu'il ne me paraît pas possible qu'un seul juif ou judaïsant ait eu l'impudeur de venir souiller notre réunion de sa présence. *(Applaudissements prolongés).*

» Depuis plusieurs jours, par des manifestations bruyantes, vous exprimez vos sentiments français, vous le faites avec modération... quel cynisme, les nôtres seuls sont blessés.

» Je n'ignore pas quelle lourde responsabilité j'ai assumé en acceptant cette présidence, les foudres d'en haut m'atteindront peut-être, mais qu'importe si, en Français, j'ai la conscience du devoir accompli. Je compte sur vous, sur votre modération, sur votre calme pour m'aider à mener à bien la tâche qui m'est imposée. »

Hâtons-nous de dire que « les foudres d'en haut » ne se sont pas abattues sur cet étrange fonctionnaire et qu'il digère paisiblement son fiel.

L'EXPULSION DES JUIFS

C'est ce même magistrat qui, au lendemain des évènements qui venaient de jeter un discrédit sur le département d'Alger, écrivait dans le *Télégramme Algérien* des articles violents contre la population juive et demandait son expulsion.

Voici un spécimen de cette prose incendiaire :

» De tous côtés, dans le public étranger à toute polémique, dans la Presse, dans les hautes sphères gouvernementales, chacun se demande le remède que l'on doit apporter à la situation actuelle de l'Algérie. De partout, des enquêtes s'ouvrent sur la cause et la nature des troubles récents, sur le moyen de faire cesser ce que l'on est convenu d'appeler la guerre aux juifs.

» Aux ardents, comme aux plus timorés, nous n'hésitons pas à répondre sans arrière-pensée ; la seule satisfaction possible à donner au parti français, le seul moyen de mettre à l'abri et la fortune et l'honneur nationale, c'est l'*expulsion des Juifs*.

» L'antisémitisme sera intransigeant ou il ne sera pas.

» Si nous sommes les premiers à proscrire les mauvais traitements sur les animaux, nous ne nous faisons aucun scrupule pour écraser l'insecte qui nous pique.

» Le médecin, en présence d'un malade qui souffre d'une plaie gangréneuse, n'hésite pas à saper le mal par la racine, et à procéder à l'ablation du membre malade.

» Ecrasons-le avant qu'il ait pris une consistance telle qu'il nous soit impossible de lutter utilement contre lui.

» Les anciens les spoliaient, les exterminaient, leur infligeaient toutes sortes de vexations ; au XIXe siècle, on ne procédera qu'à leur expulsion ; c'est encore de l'humanité. »

FÉLIX PRADELLE, »
Maire de Mustapha. »

(TÉLÉGRAMME ALGÉRIEN)
du 7 Février 1898, n° 480.

LA JUSTICE DU PEUPLE

« Elle tient ses assises à Alger, depuis dix jours, cette justice populaire que le Gouvernement a provoquée par sa lâcheté et ses abus fonctionnels.

« Dimanche, au grand jour, sous la protection de vingt mille personnes massées sur la place du Gouvernement et les abords, les juges improvisés ont signifié à toutes les autorités représentant la France, que l'Algérie ne veut pas de juifs, qu'elle que soit leur situation parmi nous.

« Il ne s'agit plus maintenant, d'abrogation du décret Crémieux ou autres mesures platoniques, dont l'application ne ferait que retarder de quelques jours notre écrasement général ; non, ces choses-là font partie des vieilles lunes.

« Ce que nous voulons, c'est l'expulsion en masse, de France et de toutes nos colonies, de cette immonde race juive qui nous souille avec l'espoir de nous étrangler un jour.

« Répondant aux lâches chourinades organisées dans l'ombre par les juifs, le peuple d'Alger a commencé la revanche par la démolition de leur citadelle commerciale, le magasin. Il n'a pas voulu verser sang pour sang ; mais en projetant en l'air ou sur la chaussée, pantalons, chapeaux, souliers, chemises, il a donné à comprendre le sort qu'il réserve à ses provocateurs assassins quand la mesure sera comble.

« Les juifs, avec leurs protecteurs Lépine et Granet, vont dire qu'on a pillé leurs boutiques. C'est faux, car nul ne s'est approprié le butin projeté dehors et lacéré aussitôt. On a brûlé sur la chaussée ces loques puantes, volées à nos grands industriels de France. *C'est encore là un acte de justice populaire.* Du reste, M. Lépine pourra dire au gouvernement central qu'il a assisté lundi à l'*exécution* d'un magasin juif, et qu'on lui a envoyé sur la tête quelques-uns des objets qu'il contenait, notamment une casserole en fer blanc.

« Vive la solidarité française !

« Et forts de nos droits, nous contournerons les baïonnettes, pour saisir nos assassins et les juger nous-mêmes.

« Vive la France.

« A nous les Français !

(*L'ANTIJUIF,* du 27 Janvier 1898.)

« Le mouvement antijuif algérien est superbe. Il est certes le prélude de l'apothéose finale de la victoire si patiemment attendue et si chèrement gagnée. »

MAX RÉGIS »

MANIFESTATIONS ANTIJUIVES A BOUFARIK

« A l'heure actuelle, le mouvement antijuif se continue et le cœur des Boufarikois bat à l'unisson de celui de la Patrie indignée. Bravo Boufarik. Bravo les Blidéens. »

(*L'ANTIJUIF,* du 27 Janvier 1898.)

PROTESTATIONS

« Nous recevons de nombreuses protestations contre les youtres d'Alger. Principalement le banquier Jonathan se permet de proférer les plus grossières insultes à l'adresse des antijuifs. Que Jonathan prenne garde, par les temps qui courent il est dangereux pour un juif d'élever trop la voix. »

(*L'ANTIJUIF,* n° du 27 janvier 1898).

MANIFESTATIONS ANTIJUIVES

« Le peuple s'est indigné contre les juifs qui voulaient notre asservissement, c'était son droit. Le peuple a montré qu'il était brave et qu'il savait faire respecter sa liberté et son honneur. Vive le peuple ! »

(L'*ANTIJUIF* du 27 janvier 1898).

» L'Algérie, livrée depuis la conquête au pillage de ces voraces oiseaux de proie, et lasse de voir cette désolation s'accroitre par suite des honteuses attaches judaïques qu'ont nos gouvernants, ceux qui devraient les premiers être sur la brèche et s'opposer à l'envahissement, a bondi sous la souillure juive, et a manifesté comme c'était son droit. Se prévalant de la protection de Lépine, les juifs se sont montrés arrogants, plus que cela, ils sont devenus assassins et le sang français a coulé sous le poignard juif.

» Il n'en fallait pas davantage pour semer l'exaspération et faire jaillir l'étincelle. C'était vraiment trop d'audace de la part d'une race méprisable. Aussi la colonie entière s'est-elle soulevée pour revendiquer ses droits et venger ses victimes. »

Plus loin :

» Le peuple est devenu par nécessité justicier et il ne doit pas payer comme on dit vulgairement les *pots cassés*.

(L'ANTIJUIF du 30 janvier 1898).

REVOLUTION A MARENGO

» Mercredi matin, la ville de Marengo ordinairement si paisible, était entièrement en révolution. Que se passait-il ? C'étaient les cœurs de nobles et patriotiques français qui battaient tous à l'unisson pour la cause antisémite.

» L'alarme était donnée, le feu était allumé et personne n'aurait pu arrêter ces vaillants qui luttaient pour la conquête de leur liberté et de leur indépendance. »

(*L'ANTIJUIF* du 30 janvier 1898).

« Qu'ont-il fait en somme ? On avait souillé leur drapeau, et calomnié leur armée. Ils ont protesté et devant l'arrogance juive, ils ont loyalement agi. Dans la mêlée, aucune femme juive n'a été piétinée ; aucun youtron n'a subi de brutalités. C'est chevaleresque qu'on s'est battu dans la rue. »

(*L'ANTIJUIF* du 3 Février 1898).

LETTRE A M. LE GOUVERNEUR

A Monsieur Lépine,

Maintenant que sommeillent les colères quelque peu assouvies, pendant que, haletantes, couvent encore, sous le harassement du violent effort, les haines irréductibles, pensons.

Pensons librement, par nous-mêmes, sans crainte, sans passion, en toute indépendance d'esprit et de sentiment.

Voulez-vous que nous pensions un peu ensemble, M. le Gouverneur ?

Laissez un instant au vestiaire la livrée dont le peuple, en sa large souveraineté, vous a revêtu et qui vous mettrait, envers moi, en état d'infériorité. Et dites-moi, là, bien sincèrement, entre hommes, ce que vous pensez de la question juive.

La question juive existe — ç'a été démontré, tout récemment et pour la millième fois, par la méthode expérimentale...

Et quand ceux qui détiennent l'autorité ne savent pas, ou ne veulent pas accorder cette réparation et faire respecter cette justice, eh ! bien c'est aux citoyens libres qu'il appartient de le faire...

(*L'ANTIJUIF* du 3 février 1898).

LA BATAILLE DE DEMAIN

Il y a de bonnes âmes qui croient la fureur populaire complètement apaisée, parce qu'on ne casse plus rien dans les rues et que la troupe a cessé de cantonner sur les places publiques.

Erreur profonde !

Tant qu'il y aura un juif en Algérie. nous marcherons sur un volcan que cet être maudit allumera lui-même ou fera allumer par un compère au gré de ses besoins.

(*L'ANTIJUIF*, du 6 février 1898).

Max Régis mort, c'était le massacre général et immédiat des youtres d'Algérie : simplement blessé, il demeure le chef de file de l'armée patriote qui chassera le dernier juif, si le Gouvernement n'a pas assez d'énergie pour nous en débarrasser.

(*L'ANTIJUIF*).

Dans son ghetto, le youtre est capable des plus grands vols ; dans la rue des plus lâches assassinats ; dans son taudis, pour auréoler ses méfaits, il s'adonne à des passions, à des instincts dont l'immoralité écœure d'abord, exaspère ensuite par ses actes suintent le pus de la corruption basse, vile, de celle qui ayant conscience de sa hideur, se cache dans les rues infectes, et ne sort dans la rue que lorsque la nuit est profonde et qu'elle peut araignée velue, guetter sa proie en se dissimulant le long des murs.

Non content d'accaparer les fortunes des nations où il s'implante et d'activer par ses procédés une paralysie générale dans toutes les affaires, cet être dégoûtant cherche à les corrompre par ses mœurs abjectes. Si on n'y prend garde, si dans un élan d'assaut final, on ne chasse cette race, non seulement elle arrivera à transformer les pays en de vastes ghettos, mais elle en fera aussi par ses instincts un lupanar repoussant, où tyrannique elle imposera ses appetits monstrueux.

(*L'ANTIJUIF* du 10 février 1897).

CITOYENS,

» La *Presse parisienne*, à la solde des juifs, essaie à l'heure actuelle de fausser l'esprit des Français de la Métropole et de les persuader que nos vaillantes et patriotiques manifestations antisémites sont purement l'œuvre de gens sans aveu qui profitent de l'indignation générale pour mettre Alger en coupe réglée.

» Soucieux de l'honneur des Algériens, et ayant horreur de la Calomnie Judaïsante, MM. Max Régis, Daniel Saurin et d'autres chefs de file énergiques sont partis à Paris pour organiser un grand meeting antijuif où ils expliqueront les causes de l'antisémitisme Algérien, et montreront le caractère de dignité et de noblesse qu'ont revêtu nos légitimes colères.

» Ce meeting aura lieu avant l'interpellation Samary.

» Citoyens ! suivons de tout cœur, de nos pensées sympathiques et de notre admiration, ces vaillants soldats qui portent hardiment, à travers les dangers d'une lutte héroïque, le Drapeau National.

» A BAS LES JUIFS ! »

(*L'ANTIJUIF* du 13 février 1898).

LE CALME A ALGER

« Après une semaine de désarroi à Alger, le calme s'est enfin rétabli, et la cause antisémite qui a tant fait de mouvement semble tomber dans l'anéantissement le plus complet. Le peuple d'Israël, qui, tout à l'heure, semblait mortifié, et se cachait comme un évadé du bagne, relève la tête de plus belle comme un ennemi vainqueur qui prendrait possession d'un pays qu'il vient de conquérir, et notre nation Française semble baisser la tête et supporter tous les affronts.

» Pauvre France ! Où en sommes-nous ?

» En ce moment, tout est calme à Alger. Dame ! après tout, il faut bien se reposer un peu. Mais attendez encore quelques temps après les élections lorsque nous aurons renouvelé le Palais Bourbon, lorsque nos représentants juifs ou judaïsants seront remplacés par de véritables citoyens Français ; alors nous attendrons le dénouement. »

(*L'ANTIJUIF* du 17 Février 1898).

7

MEETING DE LA SALLE CHAYNES

DISCOURS DE MAX RÉGIS ET PRADELLE

M. MAX RÉGIS. — Devant les agressions dont nous étions victimes, les attaques à mains armés dont nous étions menacés, vous comprenez que nous n'avons pu hésiter longtemps à nous armer. Le poignard ce sont les juifs, qui s'en sont servis les premiers.

Régis raconte ensuite comment les israélites s'établissent en Algérie où, dit-il, petits voleurs, ils s'auréolisent et font leur commerce sur un chemin semé de fleurs tachées de sang.

Je proteste, dit-il, et tous les antisémites algériens protestent avec moi, contre l'envoi en Algérie du policier Lépine, le protecteur des juifs, que le Gouvernement, effrayé des menaces des youtres, envoya remplacer M. Cambon, celui-ci étant accusé de soutenir — oh ! combien peu ! — les antisémites.

Durant les derniers troubles, il est vrai que des magasins ont été saccagés, mais pas un n'a été pillé, et malgré la grande misère qui règne en ce moment en Algérie, chez les européens comme chez les indigènes, nous n'avons pas pris cent sous. Nous avons la conscience d'être tous restés honnêtes.

Ce que nous voulons, c'est que la France nous délivre de l'esclavage juif, c'est qu'elle nous protège contre l'envahissement des fonctionnaires juifs, dont l'Algérie est menacée.

A Sétif, nous avons un Sous-Préfet juif et à Oran, nous allons avoir un Préfet juif. Partout du Nord au Midi et de l'Est à l'Ouest, les fonctionnaires français sont remplacés par des fonctionnaires juifs.

Cris : ***A bas les juifs ! A la corde les juifs !***

Nous avons demandé de toutes nos forces l'abrogation du décret Crémieux, mais malgré notre calme insistance, malgré notre modération, nous n'avons pu parvenir à l'obtenir.

Aujourd'hui, cette abrogation ne saurait nous suffire. Ce qu'il nous faut, c'est l'expulsion en masse de tous les youtres.

Cris : ***Mettez-les à l'île du Diable avec Dreyfus.***

Si on ne nous l'accorde pas, il faudra bien que nous en arrivions à nous faire justice nous-mêmes en les exterminant. Oui, citoyens, s'il le faut, si on nous y oblige, si on nous y force, nous arroserons avec le sang juif notre arbre de la Liberté ! *(Applaudissements).*

M. PRADELLE. — Mon intention, dit le Maire de Mustapha, n'était pas de prendre la parole dans cette réunion, mais puisque dans une autre enceinte on nous a traités de pillards, **alors que nous avons été que des justiciers,** mon devoir est de faire entendre ici une protestation énergique au nom de mes concitoyens indignés de ces misérables accusations.

(TÉLÉGRAMME ALGÉRIEN
du 21 février 1898*).*

MAX RÉGIS A PARIS

« Max Régis a déjà donné la note vraie, dans divers interwiews. Il a également dit dans la *Libre Parole :*

» Parce que la colère de tout un peuple a subitement passé par les rues, culbutant pour un jour l'insolence de nos répugnants despotes ; parce qu'une clameur de haine a retenti là-bas, exprimant vigoureusement toutes les rancunes et douleurs accumulées au cœur de l'esclave révolté, on a osé dire et croire que nous méconnaissions justice et humanité pour retomber jusqu'à la barbarie honteuse du pillage et du vol.

» C'est contre cette calomnie odieuse qu'il fallait protester pour expliquer la justice qui purifia notre passion. Certes, nous fûmes sans pitié ; malgré qu'on ait exagéré les massacres, nous ne voulons pas nier les quelques violences arrachées à la *trop longue* patience de l'Algérie, écrasée de ruines, tous les jours déchiquetée à belles dents par les Juifs hideux et lâches. Nous n'essayerons pas de chicaner plus ou moins d'illégalité dans notre façon brutale de dire bien haut ce qu'on ne voulait pas entendre. Puisque nous devons fatalement payer les pots cassés et rembourser sou par sou les vitres brisées, les yeux pochés, nous avons bien le droit de ne pas nous dépenser en excuses peu sincères. L'Algérie a parlé comme elle pouvait,

il fallait bien qu'elle emploie pareil langage, puisqu'on ne lui permet d'exprimer autrement sa pensée ou ses ordres. »
(*L'ANTIJUIF*).

« Misérables, juifs et vendus, qui poussez vos victimes à la roue en ayant soin de vous garer, prenez garde que dans un brusque revirement cette roue ne vous entraîne dans le tourbillon. Lisez, méditez l'histoire qui est une grande éducatrice et n'oubliez pas, que le peuple, assoiffé de justice et se voyant bafoué, peut, dans une suprême exaspération, se métamorphoser en un lion indompté, et ébranler de ses rugissements votre édifice social bâti sur la boue du mensonge, et de la calomnie.

» Justice !

» A BAS LES JUIFS ! »

(*L'ANTIJUIF* du 24 février 1898). Louis RÉGIS.

Extrait du compte-rendu du meeting de la salle Chaynes :

» Il a dévoilé aux Parisiens les procédés des juifs d'Algérie, a montré par des exemples de quelle façon un vulgaire chand de fil arrivait par ses escroqueries dans quelques annés à accaparer de colossales fortunes. Aux calomnieuses insinuations d'une presse parisienne qui cherche à trouver dans nos justes et honnêtes manifestations, un pillage barbare et des meurtres sans nom, notre Directeur a montré l'arrogance cynique que manifestent envers les Français, les juifs d'Alger. Dans nos rangs, soit sous le poignard d'un circoncis, soit sous le knout de Paysant, de nombreuses victimes sont tombées martyres de la cause, tandis que les youtres dont le toupet est irréductible continuent leur immonde exploitation sous la paternelle bienveillance des hauts fonctionnaires locaux qu'ils ont achetés.

» Il démontre que l'exaspération actuelle est légitime ; il réclame une justice impartiale et l'immédiate expulsion de tous les youtres.

» L'orateur couvert d'applaudissement, termine en disant : « Si on nous y oblige, si on nous y force, nous arroserons s'il le faut, l'arbre de notre liberté avec le sang juif ! »

(*L'ANTIJUIF* du 24 février 1898).

MAX RÉGIS A PARIS

« A ce lamentable panorama de deuil et de misères il a rapproché celui d'une magistrature vendue d'un gouverneur incapable, d'un préfet consistorial, d'un commissaire central qui prostitue son écharpe dans des lieux immondes et qui pour charmer ses loisirs brise de son casse-tête la nuque des paisibles passants.

» Devant toutes ces calamités, Max Régis a pu facilement prouver la légitimité des dernières manifestations qu'on ose enquêter de sauvagerie.

» Le peuple algérien est las ! a-t-il dit. Il vient de se montrer justicier mais non criminel. »

(*L'ANTIJUIF,* du 27 janvier 1898.

A MES AMIS

« Je vous remercie de l'accueil que vous m'avez fait ; Je n'en attendais pas moins de vous. Hélas, il s'en trouve quelques-uns qui ne pouvaient pas être là, retenus par d'infâmes condamnations, pour avoir osé crier leurs sentiments alors qu'on refusait de les entendre.

» A ceux là, j'adresse tout particulièrement mes sympathies et je leur répète, ce que M. Drumont m'a prié de leur dire : Que la *Libre Parole* a promis de nous faire accorder leur amnistie.

» Vive l'Algérie, A bas les traîtres. »

MAX RÉGIS

» Sous les odieux mensonges vomis par la Presse judaïsante au sujet des manifestations antijuives d'Alger, Max Régis a bondi d'indignation et a résolu subitement d'aller démentir en personne les viles calomnies qui essaient de souiller la noblesse de nos protestations. Cette détermination est un événement dont nous avons droit, nous antisémites militants de nous énorgueillir.

» Régis est allé disculper l'honneur algérien des médisances juives.

» Demain devant dix mille parisiens, **il flétrira ceux qui ont traité de pillards ses honorables et patriotes frères de lutte.** »

(*L'ANTIJUIF*).

JUIFS D'INTÉRIEUR

« Ce matin, nous voyions nos sales juifs ricaner. Probablement ils croyaient que nos haines s'égareraient sur ces misérables dont l'or d'Israël endort la conscience et leur fait commettre les plus ignobles actions. Ils se trompent. Plus nous serons opprimés, plus nos vils gouvernants nous forceront à supporter d'iniquités, plus notre haine contre les juifs s'envenimera **et gare aux jours proches de l'exaspération suprême.**

» En attendant, plus que jamais nous serons attentifs à leurs faits et gestes.

» Que le peuple juif se dépêche d'abuser de la coupable protection de notre Gouvernement, le temps est peut-être proche où **on brisera sur la tête des youtres le coupe d'infâmie qu'ils nous font boire.** »

(*L'ANTIJUIF*), 3 mars 1898).

« Puisque le Parquet nous poursuit haineusement pour des futilités, qu'il poursuive avec la même intensité cette race coupable des pires vilenies. Qu'il nous rende cette justice à laquelle nous avons droit, car sans cela, la légitime exaspération qu'il ose taxer de *crimes* pourrait — la colère est aveugle — justifier cette épithète. »

MAX RÉGIS.

(*L'ANTIJUIF* du 17 mars 1898).

AUX COMMERÇANTS FRANÇAIS

« Sans nul doute, Messieurs les commerçants français, la population d'Alger qui est sage et qui comprend, n'ira plus enrichir les juifs du fruit de ses économies. Elle sait que si les juifs sont puissants, c'est parce qu'elle les a enrichis en achetant chez eux ; toutes les maisons juives seront donc mises à l'index ; mais c'est à vous, Messieurs les commerçants nos concitoyens, de ne pas profiter de cette haine pour élever vos prix. Nous vous conseillons même de les diminuer quelque peu afin qu'en achetant chez vous, nous satisfaisions à la fois notre économie et notre amour-propre. Du reste, les magasins juifs seront forcés de déguerpir ; **il pourrait se faire que des troubles, naissant des provocations juives brisent les ghettos youtres qui sont demeurés, malgré nos conseils.** »

(*L'ANTIJUIF*, 13 mai 1898).

Max Régis est interviewé à l'occasion d'une condamnation prononcée contre son frère et voici ce qu'il dit de sa prison :

« Qu'ils (le Procureur général et le Procureur de la République) prennent garde, il existe ici une justice populaire plus prompte et plus sûre que la leur, je ne serais nullement étonné d'apprendre dans ma prison que le peuple ait jugé Dubuc et Cottignies ».

(L'*ANTIJUIF* du 20 mai 1898).

LE CHAMP DE BATAILLE

« Ceux qui ont cru que notre action se limiterait à la campagne électorale se sont trompés. Aujourd'hui nous avons une lourde tâche à accomplir et certes la lutte sera encore plus pénible que celles que nous avions engagée jusqu'à présent. En effet, si le juif a été terrassé politiquement, il ne l'est pas encore commercialement et c'est là que nous allons diriger toutes nos forces et tous nos efforts.

Le juif reste et restera donc notre principal adversaire ! Autour de lui s'étendra le champ de bataille. Les municipalités d'Alger et de Mustapha qui auraient dû démissionner à la suite du soufflet qu'elles avaient reçu de la part de leurs électeurs, seront l'objet d'une sollicitude spéciale. Nous dévoilerons sans pitié les scandales et le favoritisme qui règne dans ces boîtes à cancans politiques où sont établies des boutiques personnelles à grand profit.

Je me charge personnellement de faire connaître à tout Alger l'avoué-adjoint Dupuy qui a déjà miraculeusement échappé à la correction que devait lui infliger mon frère Alfred. A cette occasion je dévoilerai à Dubuc et Cottignies les tripots du *Cercle républicain*. Je montrerai cet *avoué prête-nom*, dans toute sa noirceur et les citoyens pourront juger alors de la confiance qu'ils peuvent accorder à ce triste individu.

Enfin nous traquerons le Parquet en la personne de Dubuc et Cottignies en leur rendant œil pour œil, dent pour dent.

A ce programme nous ne faillirons jamais. »

Louis RÉGIS. »

(L'*ANTIJUIF* du 22 mai 1898

LES PROJETS DE MAX RÉGIS

Nous demandons journellement conseil à Max Regis sur la campagne que nous menons contre la Mairie. A sa sortie de prison, Max dirigea avec activité cette campagne et nul doute que nous ne finissions par avoir aussi à Alger, une Mairie antijuive.

« Je combattrai la Mairie d'Alger, a dit Max, d'abord parce qu'elle est ici un contre sens ; un peuple antijuif ne saurait avoir en effet une municipalité judaïsante. D'ailleurs c'est un danger pour la ville d'Alger d'avoir comme chefs de la municipalité, des fonctionnaires qui ne peuvent conserver leur indépendance puisqu'ils sont les employés d'un gouvernement destiné à être continuellement en conflit avec la ville d'Alger. Ce sera le triomphe de l'idée antijuive, d'avoir comme à Oran et Constantine, une Mairie antijuive qui en prenant des arrêtés contre les juifs, permettra au commerce français de s'étendre au dépens du trafic juif. Cette lutte que l'*Antijuif* entreprend contre la municipalité, aboutira certainement comme tout ce que nous avons entrepris, parce que nous avons témoigné au nom de l'idée antijuive et non en vue d'une ambition personnelle. »

» Nous sommes heureux d'être LES SEULS à mener cette lutte, dont comme toujours, nous laisserons à d'autres le profit.

(*L'ANTIJUIF* du 29 mai 1998).

A BAS LES JUIFS

« Il a donc retenti jusque dans le Temple des Lois ce cri de la justice irritée ? C'est déjà une belle satisfaction morale ; c'est un grand soulagement.

« Les Algériens qui, malgré les boniments des escobars de la Politique, ont envoyé Drumont à la Chambre pour y exprimer leur antisémitisme, ne seront pas fâchés qu'à la première séance leur représentant ait poussé ce cri de leur cœur. Ils en seront d'autant plus satisfaits qu'ils peuvent se dire que l'homme qui clame aussi fièrement leur pensée saura, en toute occasion, exposer le *sentiment* qui justifie ce cri et la *raison* qui l'explique.

» De l'autre côté de la Seine, le monarque de l'Or a dû en frissonner sur son trône. Et je ne vois pas que ce frisson avant-coureur des tragédies prochaines puisse déplaire à M. Rouanet, un des socialistes révolutionnaires de grand mérite et de grande valeur. »

(*L'ANTIJUIF* du 5 juin 1898).

« ***Je suis parfaitement convaincu que lorsque le peuple aura souffert assez longtemps de la tyrannie juive, il se révoltera comme il l'a toujours fait et pendra tous ces***

intrus qui le pillent et le subjuguent. Ces choses-là se passent le plus naturellement du monde, sans qu'il soit besoin de les réparer.

« Mais en attendant que les malheureux exploités soient prêts pour la reprise de leurs libertés et des produits de leur travail, il convient, à mon avis, d'organiser la lutte économique, celle qui peut donner des résultats certains et immédiats. »

(*L'ANTIJUIF* du 8 juin 1898).

SIXIÈME PARTIE

BOYCOTTAGE

Le Boycottage est pratiqué de plusieurs manières par ce maître en l'art de la persécution : tout d'abord, il signale à l'animosité publique les maisons juives installées à Alger, ensuite il dénonce à l'indignation de ses lecteurs les personnes assez osées pour se rire de ses menaces et s'approvisionner dans ces établissements, puis il continue son œuvre de destruction en exigeant impérieusement le renvoi immédiat des juifs de tous les emplois qu'ils occupent et félicitent ceux qui ont procédé à son exécution.

Et cette guerre la plus féroce, la plus lâche, la plus opiniâtre qu'il soit possible d'imaginer est faite contre des malheureux chargés de familles, obligés de demander au labeur incessant le pain de chaque jour.

On jugera par les extraits suivants et la façon dont cette feuille comprend le respect de la liberté du commerce et les sentiments d'humanité envers des travailleurs que leur misère rend si dignes d'intérêt.

DÉSIGNATION

DES

MAGASINS JUIFS & DES MAGASINS NON-JUIFS

NOUVEAUTÉS

Nous commençons la publication des magasins juifs et au-dessous les magasins Français :

MAGASINS JUIFS

Rue Bab-Azoun :

Au Tapis Vert. — Au Petit Profit. — A la Renaissance. — Au Pauvre Indigène. — Aux Montagnes Russes. — Au Bon Marché. — Au Pauvre Diable. — Au Vieux Colon. — Au Caban Blanc. — Gaspillage. — Aux Quatre Saisons. — Au Hasard. — Roi des Soldeurs. — A la Petite Jeannette. — Aux Trois Quartiers.

Fabrique des Vosges, rue Dumont-d'Urville. — A la Grande Poste. — rue de la Liberté, 6. — A la Gazelle, rue d'Isly. — Au Petit Duc, rue Henri-Martin. — Au Petit Paris. — Quatre Nations. — Au Petit Louvre, rue d'Isly.

(L'ANTIJUIF).

FRANÇAIS N'ACHETEZ RIEN CHEZ LES JUIFS

Voici le nom des marchands de nouveautés français auxquels vous devez accorder vos préférences.

NOUVEAUTÉS (Commerce de)

A la paix, 13, rue de la Flèche ;
Chouquet, 26, rue Bab-Azoun :
Mme Crozes, 3, rue d'Isly ;
Mme Veuve Nessans, 15, rue d'Isly ;
Aux Deux Magots, 12, rue Bab-Azoun ;
Sur 35 négociants en nouveautés, six seulement sont français tous les autres sont youpins, soit 29 voleurs.
(L'*ANTIJUIF* du 22 juillet 1897).

FRANÇAIS N'ACHETEZ RIEN CHEZ LES JUIFS

COURONNES MORTUAIRES. — Négociants.

Ci-dessous, nos lecteurs trouveront les noms et adresses des marchands de couronnes mortuaires :

Chouquet, rue Bab-Azoun ;
Moulin, avenue Malakoff, 26 ;
Servat, rue Malakoff, 43 ;
Mme Alisse, rue d'Isly.

« En somme, sur douze négociants en couronnes mortuaires, quatre seulement sont Français, les huit autres juifs, par conséquent des voleurs ».

(L'*ANTIJUIF*, du 8 août 1897).

DÉFI ANTIJUIF

« Pour combattre les fournisseurs juifs qui, jusqu'à ce jour nous ont empoisonnés par leur produits, une grande boucherie va s'ouvrir le 16 janvier prochain, place Clauzel, derrière le marché aux légumes et portera pour enseigne : « Boucherie de l'Antijuif. »

» La marchandise sera vendue à des prix et qualités défiant toute concurrence.

» Français et ménagères soucieux de votre santé, n'achetez qu'à la « Boucherie de l'Antijuif. »

(L'*ANTIJUIF* du 13 janvier 1898).

AUX FABRIQUES DES VOSGES

« Le juif allemand Sichel, propriétaire du magasin « Aux Fabriques des Vosges » relève la tête et profère même des menaces à l'encontre des locataires de la maison et de ses voisins qui ont assisté d'un air plutôt jovial qu'indifférent à la *vérification* de son magasin, il a dit en les menaçant que si les montagnes ne se rencontrent pas, les gens peuvent se rencontrer. Nous souhaitons que sa prophétie se réalise et que les antijuifs, ce jour-là, remplissent leur devoir vis-à-vis de cet insulteur. »

(L'*ANTIJUIF* du 13 février).

Ce que Max Régis appelle la vérification du magasin est tout simplement un pillage suivi d'incendie, effectué pendant les troubles de janvier.

MAGASINS FRANÇAIS

Dejean, 5, rue Bab-el-Oued, 5. — Chouquet, 26, rue Bab-Azoun. — Mauduit, « A la Paix », 18, rue de la Flèche. — Maurel et Breuleux, rue Bab-Azoun, 4. — Moindron, rue Dumont-d'Urville. — Mazella, « Aux Armes de France », rue Bab-Azoun. — Vve Nessans, 15, rue d'Isly. — Tiné, « Aux Deux Magots », 12 rue Bab-Azoun.

(L'ANTIJUIF).

FRANÇAIS N'ACHETEZ RIEN CHEZ LES JUIFS

MARCHANDS TAILLEURS

Sur quatre-vingt-dix marchands tailleurs installés à Alger, vingt-deux seulement sont Français, les soixante-huit autres sont des youpins, c'est-à-dire des *honnêtes gens !*

Nos lecteurs trouveront ci-dessous les noms des 22 tailleurs Français.

Prioleur Jean, rue d'Isly.
Mélé.
Lasserre, rue de la Liberté, 12.
Alligon, boulevard de la République, 10.
Veuve Alligon, rue de Constantine, 10.
Merlano, boulevard Carnot, 10.
Auvard aîné, rue Dumont-d'Urville, 4.
Auvard, rue Ledru-Rollin, 7.
Padros, rue Dumont-d'Urville, 2.
Gerbaud-Ducher, rue de la Liberté, 10.
Billmann, rue d'Isly, 21.
Blaise, rue de l'Industrie, 7.
Caprioli, boulevard de la République, 4.
Chassaing et Cie, rue d'Isly, 3.
Pêche, rue d'Isly, 11.
Rascouailles, rue de Constantine, 1.
Schneider, rue de Tanger, 10.
Grazzi, rue Juba, 1.
Chastain, rue Dumont-d'Urville, 7.
Richardi, rue de la Lyre, 3.
Sans et Peyre, place de la République, 1.
Schiling, rue Clauzel, 11.

(L'ANTIJUIF).

SIDI-MOUSSA

« Lundi soir, nous avons pu d'une façon plus énergique et plus précise, cracher à la face de ces maudits tout le fiel amassé au fond de notre âme par une si longue suite de vols, de souillures et de crimes.

» Depuis les dernières manifestations les tristes hôtes qui venaient passer à Sidi-Moussa la journée du mardi et transformer en une véritable forêt de Bondy notre place publique, n'avaient pas reparus. Lundi soir arriva un de ces drôles, voulant essayer de recommencer la série de ses exploits.

» Mais nous étions là, veillant à la salubrité publique, résolus à tout pour renvoyer dans son ghetto cet être dégoûtant.

» Il était descendu dans un hôtel assez louche de la localité, le seul qui ait consenti à le recevoir. Non content d'avoir accepté cette vermine, l'hôtelier se mit en tête de le protéger contre notre juste ressentiment et favorisa sa retraite vers une destination inconnue.

» Nous fûmes fort grossièrement pris à partie par les mégères de ce protecteur des juifs. Elles nous menacèrent, fortes de leur titre de femme qui nous obligeaient à les respecter.

» L'attitude de ces cerbères femelles défendant ce youtre dégoûtant fut tout simplement écœurante : « Mesdames, soyez assurées que nous en conserverons un souvenir ineffaçable ».

» Hâtons-nous bien vite de dire que cette maison n'est pas Française ».

Un Groupe de Manifestants.

(*L'ANTIJUIF* du 20 Février 1898).

Une anecdote sur le boycottage dans une commune de l'arrondissement d'Alger et félicitations de l'*Antijuif* « aux valeureux jeunes gens » qui se sont jetés en nombre sur un juif sans défense.

MAISON-CARRÉE

« Si notre directeur n'a pu se rendre à Maison Carrée pour faire une conférence antisémite, il présente tous ses regrets aux vaillants habitants de Maison-Carrée qui n'hésitent pas à se montrer antijuifs lorsque l'occasion se présente. Il y a quelques jours un infect juif, colporteur des plus vils, criait sa marchandise volée dans les rues de cette ville. Un groupe de jeunes gens firent une conduite des plus méritées à ce youtre ; les cris vigoureux de : A bas les Juifs ! Conspuez les youpins ! Répondaient aux poussives réclames braillées par le juif. A ce moment un cocher de tramway prit fait et cause pour le youtre. A ce mauvais Français tout notre mépris, aux valeureux jeunes gens de Maison-Carrée toutes nos félicitations. Il est à souhaiter que notre jeunesse se conduise comme celle de Maison-Carrée ».

(L'ANTIJUIF).

(PAR TÉLÉGRAMME)

BOYCOTTAGE

Boufarik, 20 juin.

« Ce matin, au marché hebdomadaire, après le départ de Max Régis, la foule a sommé les juifs de se retirer au plus vite. Sur leur refus, les étalages ont été renversés. Vingt minutes après il ne restait plus un étalage juif. »

« Plusieurs arrestations ont été opérées.

LES VENDEURS JUIFS A MUSTAPHA

« Nous apprenons avec plaisir que Mustapha a été purgé des vendeurs juifs ; il n'en existe plus dans nos marchés et dans nos rues. Nous félicitons les habitants de cette commune antijuive, qui par leur attitude vraiment correcte et française, ont chassé cette race maudite d'exploiteurs qui vivait à leurs dépens. »

(*L'ANTIJUIF* du 24 février 1898).

LE JUIF MORALI

« Le juif Morali, qui tient un ghetto de meubles, rue Savignac, s'est vu supprimer tout crédit à la *Compagnie algérienne* et au *Crédit Foncier*. C'est un pronostic significatif, que nous signalons à la Banque de l'Algérie qui est encore en compte avec ce youtre.»

(*L'ANTIJUIF* du 24 février 1898).

EXPULSION AU PLUS VITE !!!

» Marengo, le 6 mars 1898.

« La vaillante population de Marengo outrée de l'arrogance et des ignobles procédés de tous les juifs ambulants qui viennent sans cesse l'exploiter, fait savoir à tous ces gueux qu'elle est bien décidée à ne plus rien leur acheter.

» Afin de ne plus voir les têtes crasseuses de tous ces vils pourceaux, elle demande instamment l'expulsion de Marengo des commerçants juifs : Moïse Cohen Seban, Jacob Sultan, Isaac Hini, Maltra Fitoussi et la révocation de leur grand chef, le tout vénérable Mardoché Danamos, interprête judiciaire.

» Ceux qui seront pris à acheter chez les juifs seront rigoureusement signalés ; les propriétaires sont obligés de donner congé à leur locataires juifs et les hôteliers contraints à ne plus abriter d'aussi hideux personnages. »

(*L'ANTIJUIF* du 10 mars 1898).

AVIS

AUX NÉGOCIANTS EUROPÉENS

« Il nous revient avec persistance que des négociants français qui ont pris la succession de maisons juives en déconfiture, ne seraient que les prête-noms de ces dernières.

« D'autres encore, que le public honore de ses faveurs n'en continueraient pas moins à s'approvisionner de marchandises Kaschirs.

« Selon notre habitude, nous prévenons loyalement ces négociants que si les faits qu'on nous rapporte sont reconnus exacts, nous ne leur permettrons pas de tromper plus longtemps la confiance de leur clientèle.

» Nous combattrions d'autant plus énergiquement le commerce juif qui chercherait à se dissimuler sous le pavillon français ».

L'*ANTIJUIF* du 5 juin 1898.

ATTENTION

« Nous mettons nos lecteurs en garde contre les manœuvres d'un certain juif, autrefois employé à la maison de confection A..., rue Bab-Azoun, et renvoyé par sa patronne ainsi d'ailleurs que deux de ses congénères, ce dont nous ne saurions que féliciter vivement Mme Vve A...

» Ce youpin, dont le vrai nom est *Léon Yafiz*, pour faire concurrence à la maison qui l'a chassé, à ouvert un ghetto de confection à bon marché au numéro 21 de la rue Bab-Azoun, dans un petit magasin borgne naguère occupé par un autre juif, nommé Tubiana qui a transporté son antre plus haut, dans l'ancienne Bogeda.

» Seulement pour cacher son origine juive, il n'a inscrit aucun nom sur sa boutique, il a simplement mis une enseigne *au Prix Fixe*, et il fait distribuer des cartes-réclame, où il prend un autre nom.

» En effet, ces cartes portent la mention : *Jules, ancien coupeur de la maison A...*

» Nous ne saurions trop recommander au public, et en particulier à nos amis les colons, de ne pas se laisser prendre aux allures pseudo-françaises de ce youdi, et de ne rien acheter chez lui ».

(L'*ANTIJUIF*, du 8 Juin 1898.)

EXPULSION DES EMPLOYÉS JUIFS

UN EXEMPLE A SUIVRE

« Nous apprenons avec plaisir que M. Bertomeu, fabricant de tabac, très connu à Alger, vient de licencier, de ses ateliers, les ouvrières youpines. Nous le félicitons sincèrement de son énergique décision et espérons qu'il la maintiendra. A la porte les juifs ! »

EXÉCUTION DE JUIFS

« M. Maunier, « Au Paradis des Enfants », a renvoyé tous ses employés juifs pour les remplacer par des Français.

» M. Ben Turki demande des cigarières non juives. Souhaitons que tous nos commerçants français, comme la Compagnie Générale des Voitures, suivent ces exemples. »

MENACES AUX NÉGOCIANTS QUI EMPLOIENT LES JUIFS

« Un groupe d'ouvriers peintres d'Alger nous ont réclamé l'insertion de ces faits : « M. Vicent, entrepreneur de peinture n'occupe, en grande partie que des juifs ». — Un juif du nom de Sebaoun, rue Jénina, insulte tous les ouvriers non juifs qui, par erreur, vont lui réclamer du travail. — Monjo, boulanger. place de Chartres, occupe 6 ouvriers juifs, au détriment des ouvriers français. — « Le Paradis des Enfants » malgré ses promesses de renvoyer des juifs, les aurait, paraît-il, gardé ou repris. — Quant à Ben Turki, le marchand de cigares, on nous aurait trompé sur ses bonnes intentions, les ouvrières juives sont toujours en majorité dans ses manufactures de tabacs.

» *L'Antijuif, continuera de signaler au mépris public tous les magasins occupant des juifs* et refusant les services des ouvriers français. »

JUIFS EXPULSÉS

« C'est avec le plus grand plaisir que nous avons appris que les juifs avaient été expulsés du Bal des Sapeurs-Pompiers.

» Cette décision fait honneur à ce corps d'élite. »

(*ANTIJUIF* du 11 décembre 1897).

POSTES ET TÉLÉGRAPHES

» C'est un axiome aujourd'hui qu'on ne doit accorder aucune confiance à un juif, ou à une juive. Pourquoi donc nos Postes et Télégraphes emploient-ils des juifs et des juives.

» Il n'y a pas d'administration qui n'ait besoin de la part de ses employés, de plus de tact, d'honnêteté et de discrétion. qualités absolument inconnues de la race juive. »

(*L'ANTIJUIF* du 3 février 1898).

MAISONS PSEUDO FRANÇAISES

« Dans le ghetto tenu par *Jacob* Granet, préfet d'Alger, se trouve un chaouch juif du nom d'Aboulker, et deux employés beaux-frères de Zitoun, le fameux bijoutier pornographe. Il n'y a pas lieu de s'en étonner outre mesure !!!

» MM. Baubil, entrepreneur de peinture, occupe également un ouvrier juif du nom de Saül Doukan,

« M. Sintès, doyen des peintres d'Alger, a dans ses entrepôts un youtre infect Moïse Choukroun. Nous osons espérer que cet avertissement décidera ces deux braves Français à chasser cette sale vermine de leurs magasins. »

(*L'ANTIJUIF* du 13 février 1898).

AVIS

« Comme nous l'avons annoncé, grand nombre de maisons françaises ont congédié sans pitié les juifs de leur établissement, notamment les compagnies de tramways et voitures de place. Par contre on nous signale que la société des tramways de Maison-Carrée a encore des juifs à son service.

» Il suffira que nous les ayons signalés pour que MM. les patrons envoient ces youdis à Jérusalem ».

(*L'ANTIJUIF* du 13 février 1898).

PROTESTATION

» Alger, le 14 février 1897.

Monsieur Max Régis,

« Un groupe d'antijuifs (élèves de l'Ecole Nationale des Beaux-Arts d'Alger), vous prie de lui accorder l'appui de votre estimable organe, pour porter l'attention de MM. nos honorables professeurs, sur la présence d'*infects youtres*, qui salissent par leur présence notre Ecole Nationale.

» En vous remerciant d'avance, recevez cher monsieur, l'assurance de nos plus grands sentiments antijuifs ».

Un Groupe d'Antiyoutres.

(*L'ANTIJUIF* du 14 février 1898).

UN EXEMPLE A SUIVRE

« Nous apprenons avec plaisir que MM. Fontana et Cie et MM. Charles Zamit et Cie viennent de licencier les juifs employés dans leurs imprimeries. Nous félicitons sincèrement ces vrais patriotes de leur énergique décision et espérons que cet exemple sera suivi par tous les Français de cœur. »

NÉGOCIANTS FRANÇAIS & SERVITEURS JUIFS

« M. Aury, gros négociant en vins à Bab-el-Oued, a pour encaisseur un sale youpin, du nom de Seyman.

» Cet ignoble youtre, marqué par la correctionnelle du sceau de l'infamie, est de plus le frère du Seyman auquel la magistrature pourrie dont nous nous sommes infligés, vient d'éviter le voyage de la Nouvelle en obtenant pour lui une commutation de peine.

» Ce sont de précieux titres à la confiance d'un juif ou, ce qui est pire d'un judaïsant. Si M. Aury ne veut pas être cinglé par l'une de ces avilissantes épithètes, il doit savoir ce qui lui reste à faire. N'y a-t-il donc plus, morbleu, de Français honnêtes crevant de faim, pour avoir à son service d'aussi abjects individus qu'un Seyman dont le nom seul provoque des nausées. »

(*L'ANTIJUIF* du 16 février 1898).

M. Seyman a actionné l'*Antijuif* devant le Tribunal correctionnel et l'a fait condamner pour diffamation.

MAISONS PSEUDO FRANÇAISES

« On nous affirme que les tanneries françaises du Ruisseau et d'Hussein-Dey ont repris à leur service des ouvriers et employés juifs.

» M. Darbéda, entrepreneur de peinture, occupe un comptable juif.

» M. Gimet, de la Carrosserie française, rue Michelet, 28, emploie comme ferblantier lampiste un sale youpin, tandis que beaucoup d'ouvriers français sont sans ouvrage.

» M. Bosca, entrepreneur de peinture a comme gérant de sa maison le juif Jules Zéraffa ; qu'il prenne garde, c'est vers les mauvaises affaires que l'on se dirige lorsqu'on donne à un juif la Direction d'une entreprise.

» Les « Messageries Nationales » s'obstine à conserver les trois youpins que nous avons dernièrement signalé. Il est vrai que cette administration a des attaches consistoriales sérieuses et qu'il lui est pénible de sacrifier trois coreligionnaires.

» La maison Altairac, rue des Colons, occupe des youpins et youpines.

» En outre nous mettons en garde M. Martinelli de ne pas prendre comme entrepreneur le juif Sébaoun. »

RECTIFICATION D'ERREUR

« Nous sommes heureux de réparer une erreur involontaire qui s'est glissée dans un entrefilet paru dans un de nos derniers numéros et dans lequel nous signalions M. Missarel, greffier en chef du Tribunal de Commerce comme occupant quatre scrofuleux youpins.

» Ce n'est pas quatre, mais seulement deux teigneux, qu'il faut lire, soit encore deux de trop et dont l'un est greffier titulaire.

» Ceci dit, pour calmer les légitimes susceptibilités des collègues forcés par leur profession et emplois de fréquenter ces Dreyfusards, de ne pas être confondus avec ces parasites et sans patrie. A la porte les juifs. »

OFFICIERS MINISTÉRIELS

« Tous les officiers ministériels, ou à peu près, occupent des juifs, qui s'empressent de communiquer à leurs parents et amis ce qui se passe dans les études de leurs patrons.

» C'est par ce canal que les accapareurs et usuriers juifs arrivent à connaître toutes les situations difficiles et les mettent à profit.

» Nous engageons tous les non juifs à mettre en quarantaine les avoués, huissiers et notaires qui emploient des juifs. C'est à ce titre seulement, qu'ils pourront compter sur la discrétion de l'étude.

» Comme nous voyons là un danger réel pour nos amis, nous les prions instamment de nous signaler dans chaque localité, les officiers ministériels qui emploient des juifs, avec le nom de ces derniers. »

« Il nous revient que M. H..., lieutenant des Douanes, a pour bonne une juive et que Mme H..., va toujours faire ses emplettes chez les juifs, notamment chez un youtre de la rue d'Isly.

» Nous hésitons à ajouter foi à un fait aussi ignoble, qui serait une monstruosité de la part de l'un des chefs d'un corps aussi patriotique que celui de nos braves douaniers.

» Nous vérifierons et reviendrons là-dessus s'il est nécessaire. »

(*L'ANTIJUIF*, du 24 février 1898).

PROTESTATIONS

« Les employés du télégraphe central placés directement sous les ordres d'un juif, nous adressent une protestation dans laquelle ils réclament l'immédiate élimination de ce sale individu.

» Il leur déplait d'obéir à un youtre et font en outre ressortir le danger que court la population algéroise si on le laisse plus longtemps dans un service où la discrétion et l'honnêteté sont un devoir. Qu'on le révoque. »

(*L'ANTIJUIF*, du 24 février 1898).

MAISONS PSEUDO-FRANÇAISES

« M. Wolleinveider Arnold, photographe, rue Bruce, 14, a comme ouvrier un sale youtre du nom d'Isaac Mamann.

» M. Galmiche, papetier, rue Dumont-d'Urville, occupe dans ses ateliers le juif Moïse Sebaoun.

» Mlles Gueirouard, couturières, rue Colbert, ont comme ouvrière la youpine Léonie Tubiana.

» Mme Alice Eckert, emploie dans ses magasins la juive Rachel qui se cache sous le nom français d'Aurély.

» L'atelier de marbrerie Roch Verdu fait travailler le juif Albou.

» M. Treillhou Clément, rue des Consuls, 22, a un apprenti juif.

» M. Rambaud, situé en face le cimetière, occupe un demi-ouvrier youpin qui n'a pas une conduite des plus exemplaires.

» M. Barzan, négociant, place Bruce, a comme comptable le juif Salmon.

» Nous osons espérer que ces honnêtes négociants français, ainsi que M. J. Bosca, entrepreneur de peinture, expulseront sans tarder, cette vermine de leurs magasins. »

(*L'ANTIJUIF* du 26 février 1898).

« Mme veuve M..., demeurant rue Michelet, 1 bis, maison Cavaillé, occupe, pour femme de ménage, une youpine nommée Fortunée ».

» Au n° 17 de la rue des Consuls, une youpine est occupée au nettoyage de la maison. Il ne manque pourtant pas de braves mères de famille françaises.

» Mme T..., blanchisseuse, a été vue chez le youtre Bélaïche, faisant des emplettes. »

MAISONS PSEUDO FRANÇAISES

« M. Bertrand, huilerie Sainte-Célina, rue d'Isly, occupe comme garçon de magasin un horrible youtre qui vomit journellement sur les Français toute la bave judaïque qu'il distillle.

» La maison Spitéri emploi comme placier un sale juif du nom de Jaïs.

» Les Messageries nationales occupent trois youtres répondant aux noms de Tubiana, Tordjemann et Zerbib,

» MM. Argilet et J. Serrano, chaisiers, ont pour ouvriers : le premier, le juif Elie Azoulay et le second Albert Azoulay.

» M. Missarel, greffier en chef du Tribunal de commerce a comme scribes quatre youtres scrofuleux.

» Nous osons espérer que cette révélation décidera ces braves français à expulser au vite cette sale vermine, comme l'ont fait MM. Baubil et Sintès Jacques, le doyen des entrepreneurs de peinture. »

(*L'ANTIJUIF* du 26 février 1897).

« Nous prions M. Louis Nyer, liquoriste, de ne pas prendre des juifs pour le représenter à Boghari.

» Serait-ce vrai que la Compagnie des tramways emploie des juifs. Cela nous étonnerait beaucoup.

» M. Bosca, emploie toujours des ouvriers juifs. Nous l'avons cependant averti.

» M. Ribaud occupe dans sa fonderie de Bab el Oued un infect youpin comme commis marqueur.

» La Maison « Au Corset d'argent », rue du Soudan, occupe toujours une petite youtronne comme ouvrière.

» La maison Bertrand, distillerie et huilerie, a chassé les juifs qu'elle employait.

» La maison Margerel qui avait tout d'abord simulé le renvoi de son personnel juif, s'est ravisé bien vite, sur les remontrances d'Eugène Mantoue, l'ami intime du petit bourgeois rougeot et hébété qui dirige la tannerie.

» Cela n'empêchera pas Margerel de crier « A bas les juifs », quand il se trouvera dans un milieu exclusivement français ».

(L'*ANTIJUIF* du 10 mars 1898).

MAISONS FRANÇAISES EMPLOYANT DES JUIFS

« Mme C., rue d'Isly, 24, emploie deux youpines : Fortunée Mesguich et B. Sasportès.

» M. Lauzel, négociant, rue Traversière, occupe deux représentants juifs : Molina (Alger) et Nanan (Sétif).

» M. Emiel, que nous connaissons comme antijuif, devrait bien prier sa caissière, H. D., de montrer un peu moins sa tendance à soutenir les juifs.

» Mustapha ben Hamed Semid Ali occupe, paraît-il, à la Villa Villenave (Village d'Isly), des cigarières juives.

» Mme A. E., rue Bab-Azoun, a toujours comme comptable l'employé youtre, et son magasin sert de couloir, pour livrer passage, aux clients des « Montagnes Russes », les lendemains de manifestations.

» Mme Simon occupe toujours à « La Gazelle », rue d'Isly, une juive du nom de Fortunée Azoulay. Elle se sert aussi chez les youpins ».

CONSEIL

« Madame la Directrice de l'école de la rue Randon a, à son service, une juive (Fortunée Ouzilou).

» Françaises n'occupez donc que des Françaises ».

BIZARRE ÉCONOMIE

« Mademoiselle Jeanne Sergent, institutrice, demeurant, Boulevard Amiral Pierre, n° 2, a renvoyé une domestique française qu'elle payait 25 francs par mois pour prendre une juive qui fait soit-disant le même travail pour 5 francs de moins.

» Nous nous permettons d'avertir Mlle Sergent que ce n'est pas ainsi qu'elle réalisera l'économie qu'elle désire et que d'ailleurs elle aurait assurément trouvé à 20 francs par mois une française brave et travailleuse ».

(L'ANTIJUIF du 26 Mars 1898).

FÉLICITATIONS

« La campagne que nous menons contre les patrons commerçants, avoués, huissiers ou autres, qui occupent des youpins dans leurs magasins, études ou bureaux, commence à porter ses fruits. Aussi sommes-nous ravis du résultat déjà obtenu jusqu'ici et nous nous faisons un plaisir de signaler à nos lecteurs M. Toulouse, agent général pour l'Algérie de la compagnie française « l'*Aigle* ». Notre concitoyen avait comme comptable dans ses bureaux, le juif Aboulker, qu'il avait pour ainsi dire acquis en même temps que son portefeuille, puisque le youpin faisait partie du personnel de la compagnie alors qu'elle était représentée à Alger par M. Sarlande, son prédécesseur.

» M. Toulouse s'est débarrassé de son juif depuis les fêtes de la Pentecôte et l'a remplacé par un bon français.

» Nos sincères félicitations au sympathique agent général de l'*Aigle* pour son acte de désinfection ».

(*L'ANTIJUIF* du 8 juin 1898).

LA TAVERNE GRUBER

« Nous avons récemment annoncé la mort du regretté M. Pousse, qui vient d'être remplacé, comme gérant de la *Taverne Grüber*, par un homme des plus compétents, M. Jules Salmon, un Parisien que nous connaissons de longue date et qui se propose d'apporter de nombreux perfectionnements à l'établissement qu'il est appelé à diriger.

» M. Jules Salmon a décidé que la *Taverne Grüber* ne servirait plus aucun juif.

» Par conséquent, la clientèle française et antijuive est assurée de ne pas rencontrer de youpins dans cette maison de tout premier ordre, confiée aux mains d'un brave et bon Français. »

(*L'ANTIJUIF* du 6 juillet 1898).

DÉNONCIATION DES PERSONNES

QUI SE SERVENT CHEZ LES JUIFS

APPEL AUX FEMMES

« A nos compagnes, à nos mères, à nos sœurs, à toutes celles qui nous soutiennent si vaillamment dans notre lutte contre le juif infâme, nous rappelons que le meilleur moyen de réduire l'ennemi et de le priver de sa seule arme : l'argent. *N'achetez rien chez les juifs !* et dans peu de temps vous l'aurez acculé à la suprême faillite qui le renverra, non pas à Barberousse, mais jusqu'à Jérusalem.

» Si vous étiez encore tentées, courageuses femmes, par un bon marché *trompeur*, d'entrer dans une de ces sales boutiques où l'on respire le vice et le crime à plein nez, souvenez-vous des injures que la presse juive a vomies sur vous. N'oubliez pas que, pour la *Fronde*, le journal de Rothschild et des Dreyfus vous êtes toutes des *prostituées* et des *roulures*.

» Si, après d'aussi ignobles outrages, vous alliez encore porter votre argent à vos lâches insulteurs, c'est que vous n'auriez vraiment plus de cœur ! Et ce ne serait pas la peine d'avoir crié si fort « A bas les juifs ! », ni de nous être fait assommer par les brutes de Paysant, ni que quinze cents des nôtres aient été jetés à Barberousse, ni que d'autres soient couchés pour toujours dans la tombe !

» Entendez-vous, groupez-vous, formez des sociétés économiques antijuives. Que le commerce européen de son côté, s'organise pour la vente à bon marché, afin de supplanter partout le commerce juif. Qu'il tienne tous ses articles, non seulement dans les grands magasins, mais *surtout* dans les petits, sur la place de Chartres, dans les quartiers ouvriers, dans les faubourgs, et dans les villages de l'intérieur.

» C'est *seulement* en traquant les juifs sur le terrain commercial que nous débarrasserons le pays de cette vermine qu le ronge. Alors seulement nous aurons fait libre notre chère Algérie où nous pourrons enfin travailler pour être heureux.

» ***Femmes ! n'achetez rien, rien, rien chez les Juifs qui nous méprisent, nous insultent et nous volent ! Il y va de notre honneur et de notre salut !*** »

(L'ANTIJUIF).

« Nos employés ont surpris Madame veuve B..., membre de l'Union des Femmes de France, veuve d'un officier, en train d'acheter chez les juifs de la place de Chartres.

» Madame Silong Bergerat, achetait « Aux Montagnes Russes » lorsqu'on lui fit remarquer que c'était un magasin juif. « Les juifs répondit-elle, sont des Français comme vous et je suis fière de venir chez eux. » Cette dame est l'épouse d'un brave capitaine au long cours qui, dernièrement, fit naufrage sur les côtes de Guinée, et qui, certainement, rougira lorsqu'il aura lu les propos tenus par sa femme.

« Qu'il nous suffise aujourd'hui de désigner approximativement ces deux mauvaises Françaises qui n'hésitent pas à porter leurs économies chez des juifs qui, dernièrement, assassinaient nos concitoyens et qui insultaient dans d'ignobles affiches les Françaises de France et d'Algérie. »

(L'ANTIJUIF du 10 février 1898.)

« M. O..., propriétaire, rue de Nuits, s'approvisionnait dernièrement au magasin juif « Aux Trois Quartiers » de la rue de Constantine.

» Mme M..., accompagné de ses deux grandes demoiselles, a été vue « Aux Montagnes Russes. »

» Mme G.....a, couturière rue Henri-Martin, continue toujours à faire ses emplettes chez le juif Belaïche.

» Mme T...t, négociante, rue de la Liberté, veut malgré tout se servir chez les youpins.

» Pendant que les braves Boufarikois expient en prison la vengeance des juifs et judaïsants, leurs femmes s'approvisionnent presque toutes dans les ghettos. Un groupe d'antijuives nous signale une quinzaine de ces dames qui, espérons-le, ayant agi à la légère, s'abstiendront dorénavant à porter leur argent à cette race infecte. »

(*L'ANTIJUIF* du 24 février 1898).

« Madame P..., femme d'un politicien, et sa belle-sœur Mme M... ont été surprises achetant des bijoux chez le juif Zitoun.

» Mme *Jacob* Granet et sa jeune fille se font toujours habillées chez les demoiselles Stora.

» Mlle H... de chez Vieuille-Guilbaut, achète pour le compte de ses maîtresses chez le juif Fassina.

» Nous ne comprenons pas que M. di Guiseppe, victime des juifs, ait pour comptable le juif Hadjadj.

» Nous engageons les pensionnaires et habitués de l'hôtel de la Renaissance, rue de Constantine, de ne plus permettre à leur restaurateur de se servir chez le juif Laskar.

» N'est-il pas ignoble de voir les pompes funèbres se servir chez le juif Fassina. On a un peu plus de dignité. Espérons que cet avertissement suffira.

» Nous prions les mercières de Tizi-Ouzou de ne pas se servir chez les juifs Fassina, Belaïch et Jonathan d'Alger, si elles ne veulent pas perdre leur clientèle qui croit acheter des marchandises de provenances françaises. Il ne manque pas de maisons françaises à Alger tel que « Aux Deux Magots », Maurel, etc.

» Serait-ce vrai que des françaises appartenant à la Ligue antijuive se servent chez des juifs ? Nous les prévenons que nous les rayerons sans pitié.

» Mme M... et ses deux grandes filles, couturières, continuent à acheter « Aux Montagnes Russes ».

» La vaillante population de Tipaza combat au premier rang le mouvement antijuif. Elle exclue les juifs de tous les coins où ils étaient logés »

(*L'ANTIJUIF* du 1er Mars 1898.)

« Malgré nos avertissements, et les atrocités plus provocantes que jamais dont sont victimes les français, les mères de familles continuent à se servir chez les juifs.

» Mmes M... et B... ont été vues chez le juif Belaïche au « Petit Bénéfice » mercredi dernier.

» Mme R... A..., couturière, s'approvisionne toujours « Aux Elégantes » et « Aux Montagnes Russes ».

» Mme V... de Bab-el-Oued, femme d'un conseiller municipal, achète chez les juifs de la place Bab-el-Oued.

» Le 25 février, Mme et Mlle D... ont été aperçues chez Fassina à la « Renaissance ».

» Mmes M..., charcutière, G... S... et Mlle C... ont été vues dernièrement à la boucherie cachir Ananoune de l'Agha.
» Nous espérons que ces dames ne retourneront plus se mettre en contact avec ces juifs qui dissimulent leur crasse sous des effets européens qu'ils ont usurpés. »

(L'ANTIJUIF du 3 Mars 1898).

FRANÇAISES ACHETANT CHEZ LES JUIFS

« Mlle A... F... et M... S... ont été aperçues faisant des achats chez les youtres au *Roi des Soldeurs*, au *Gaspillage*, au *Hasard*.

» Mme B.., couturière, rue Clauzel, se sert chez le youtre Fassina.

» Mmes P..., C..., L..., R..., P..., s'approvisionnaient dernièrement de viande cachire à la boucherie Ananoune.

» M. P. X..., boulevard de la République, continue toujours à s'habiller chez le juif Aron, à la *Petite Jeannette*.

9

» La bonne du docteur M..., s'approvisionne au ghetto de Simon Chouar, à Belcourt et proclame hautement qu'elle préfère se servir chez les juifs. — Mmes M.. et D... vont aussi à cette boucherie.

» Mme M.., tenant un hôtel à Rouïba a été vu faisant des achats, rue Bab-Azoun, au *Bon Marché*.

» Nous osons croire que cette révélation suffira pour engager ces dames à ne plus pénétrer dans les ghettos. »

(*L'ANTIJUIF* du 26 mars 1898).

MAUVAISE AUGURE

« Une française, Mlle M... C..., qui va se marier dans quelques jours, a commandé ses robes chez une juive. Nous lui souhaitons malgré tout beaucoup de bonheur, mais si elle veut voir nos vœux réalisés, qu'elle devienne antijuive. »

(*L'ANTIJUIF* du 26 mars 1898).

« Mme Lart..., femme d'un douanier, a été vue le 13 mars. dans un bazar juif de la rue Bab-el-Oued.

» Douaniers, veillez ! »

» M. B..., employé à l'assistance publique, a été vu le 13 mars, dans un ghetto de la rue Bab-el-Oued.

» Est-ce de sa part une façon de lécher les bottes de Jacob Granet ?

» Mme Lass..., veuve d'un employé de chemins de fer, a été aperçue, il y a quelques jours, dans une boutique juive. Prière à cette dame de respecter la mémoire de son mari, qui, en sa qualité d'employé de chemins de fer a forcément été l'une des victimes de la ploutocratie juive.

» M. Ph..., demeurant rue de Suez, à Belcourt, se sert chez la bouchère juive Simon.

» Pouah ! il faut vraiment ne pas être dégoûté pour mettre sous la dent de la charogne cachire. »

« M. et Mme de B..., très connus dans le monde administratif, se trouvaient chez le juif Fassina, *A la Renaissance*, mercredi dernier. C'ast un très mauvais exemple de leur part.

» Mlle Z..., 11, rue Michelet, achetait avant-hier au soir, son trousseau de mariage chez le même juif.

» Mme B..., épouse d'un employé de la mairie de Mustapha, s'approvisionnait de viande chez le boucher juif Simon qui tient un ghetto ambulant au marché de Belcourt.

» Nous osons espérer que ces dames françaises reconnaîtront leur tort et ne se serviront plus dans les ghettos. »

(L'ANTIJUIF).

« Mme G..., femme d'un ancien député, a été vue le 20 mars, de 3 h. 1/2 à 4 heures, aux *Montagnes Russes.*

» Trois dames de charité sont allées à la *Renaissance*, chez le hideux Fassina. Deux d'entre elles ont promis à M. E... qui leur faisait remarquer ce que leur conduite avait d'odieux, de ne plus recommencer. — Mme R..., au contraire, persiste à vouloir enrichir les sales youpins de l'argent qu'ils nous volent tous les jours.

» Mme C..., Hussein-Dey, achète à des juifs de passage.

» M. et Mme M..., propriétaires de l'hôtel de la Régence, se fournissent chez Aboulker, boucher, chez Fassina, à la *Renaissance* et aux *Montagnes Russes.*

» — Mlle M. B. et son amie cycliste faisaient des achats dimanche dernier, aux *Montagnes Russes.* »

» — Mme R. et sa fille, font toujours leurs emplètes chez des juifs. Leur immeuble, 25, rue Dupuch, abrite le juif Zéraffa. »

(*L'ANTIJUIF* du 26 mars 1898).

PÉNIBLE CONSTATATION

—×—

« Au début de la campagne lorsque l'*Antijuif* a claironné : *Françaises n'achetez rien chez les Juifs !* la vaillante population d'Alger ayant conscience du péril qui la menaçait, a rigoureusement obéi à ce sage conseil et le juif se lamentait devant son ghetto déserté et pleurait toutes les larmes de Jérémie, devant sa caisse vide de recettes.

» Aujourd'hui, après le triomphe de notre campagne, le juif est un moribond à l'agonie, mais c'est avec peine que nous constatons que beaucoup de françaises si patriotiques lors des dernières manifestations retournent s'approvisionner dans les ghettos..

» Qu'on y prenne garde ! La vie du juif est très tenace et ce n'est pas une raison parce qu'il râle l'agonie de cesser tout combat. Au contraire, il y a urgence à lui donner le coup de grâce en lui écrasant la tête du talon.

» Plus que jamais, l'*Antijuif* jettera donc ce cri : « *N'achetez rien chez les Juifs !* » et signalera comme par le passé, les personnes qui par oubli ou faiblesse iront entretenir la caisse des ghettos de leur argent, si le patriotisme de nos femmes si grandiose jusqu'à présent, menace de s'enliser dans une torpeur qui serait néfaste ».

Louis RÉGIS ».

(*L'ANTIJUIF*).

LES MÉDECINS JUIFS

« Malgré leurs sentiments antijuifs, quelques-uns de nos amis oublient facilement notre conseil « n'achetez rien chez les juifs. » Certes ce n'est pas un achat que l'on fait lorsqu'on paye les soins d'un médecin juif, mais c'est toujours de l'argent que l'on donne à cette vermine. Ceux qui ont recours aux ordonnances des docteurs youtres sont d'autant plus coupables, qu'ils enrichissent d'abord leurs ennemis au détriment des médecins leurs compatriotes, puis ils commettent l'imprudence de livrer leur vie à des youtres qui pourraient très bien se payer sur de pauvres malades, de tous les ennuis que leur occasionnent les bien portants.

» Si quelques-uns ont le gaz à disposition pour se débarrasser de ceux qui les gênent, les médecins juifs ont leurs remèdes. Toutes ces considérations ont causé notre étonnement lorsque l'on nous a montré des ordonnances signées Hanoun, Azoulay, etc. et cela nous a d'autant plus navré qu'il existe de nombreux médecins non juifs dont les soins seraient plus sûrs et moins coûteux. »

(*L'ANTIJUIF*, du 5 juin 98.)

BLIDA

« Pendant que notre commerce lutte avec énergie contre le commerce juif, pendant que toute la population française soutient de ses encouragements, et de ses efforts cette lutte acharnée, il est pénible de constater quelques défaillances et, je dirai même des trahisons.

» La personne qui, cette fois, a manqué à ses devoirs de patriote, était cependant mieux placée que personne pour se rappeler qu'elle est française. C'est en effet de Mme C..., cantinière du 1er régiment de tirailleurs algériens, qu'il s'agit.

» Comment Mme C... peut-elle avoir le courage de revendre à ses compatriotes et à ses turcos qui méprisent si profondément le juif, des articles qu'elle reçoit du youtre Benaïm, rue Damrémont (Alger) ?

» Nous espérons que cette cantinière comprendra mieux son devoir à l'avenir, aussi bien, d'ailleurs que son intérêt ; car le quartier maintenant est averti. »

(L'ANTIJUIF).

FOUKA

« Le colporteur juif de Chéragas, qui passe à Fouka le 2e et 4e mardi de chaque mois, fait déjà beaucoup moins d'affaires dans ce dernier village. Nous espérons qu'il n'en fera bientôt plus et que les vingt personnes qui lui ont encore acheté à son dernier passage (et dont nous possédons les noms) ne recommenceront plus.

» Et puisqu'il se trouve encore dans le pays un hôtelier pour loger ce youtre ambulant, nous prions nos amis, quand ils iront à Fouka, de demander aux sincères antijuifs de l'endroit un hôtel où l'on n'abrite pas de juifs. »

(L'ANTIJUIF).

GOURAYA

« Les youpins lèvent encore la tête dans cette jolie petite localité. Il est vrai qu'ils ont l'appui de M. le curé et des chères sœurs, qui sont, paraît-il, leurs meilleurs clients !...

» Pourquoi Mme M..., femme d'un gendarmes en retraite, continue-t-elle également à se servir chez eux ? Et pourquoi M. A..., hôtelier, tout en se déclarant nettement antijuif, continue-t-il également à les abriter et par conséquent à les soutenir ?

» Est-ce que tous ces braves gens agiraient ainsi sous la terreur que peut leur inspirer un certain maréchal-des-logis de gendarmerie. »

(*L'ANTIJUIF*, du 6 juillet 1898)

L'AGITATION CONTINUE

ÉLECTION DE DRUMONT

UN COLONEL DU GÉNIE

Insulté et frappé par la Bande Cosmopolite

LES ÉLECTIONS MUNICIPALES

Les Persécutions contre les Petits Marchands Juifs

PERIODE ELECTORALE A ALGER

MAI 1898

ANTIJUIFS ALGÉRIENS

« Nous avons annoncé l'envoi en Algérie d'une bande de salariés des juifs, organisée pour commettre ici des attentats contre la population antijuive.

» Cette bande, composée de 26 individus, est arrivée ce soir, par le *Duc-de-Bragancė*.

» Elle est commandée par un nommé Georges Renard, dit « l'anarchiste Georges » et par le juif Weil, « dit l'anarchiste Henri Dhor ».

» Dans cette bande figure une équipe d'afficheurs munis de leurs pots à colle et de leurs pinceaux, auxquels on a remis des ballots de placards orduriers contre les antijuifs qui combattent pour la cause algérienne.

» Notre devoir était de vous signaler l'arrivée de ces bandits, à la solde des Rothschild.

» ANTIJUIFS ALGÉRIENS,

» Vous saurez faire votre police contre ces malfaiteurs et la responsabilité des ignobles provocations dirigées contre vous, retombera toute entière sur la Juiverie et le Gouvernement complice de ces infamies. »

L'ANTIJUIF.

» CITOYENS,

» Encore une nouvelle infamie !

» Louis REGIS vient d'être arrêté, enchaîné, et jeté en prison à Miliana, comme le dernier des assassins, sous une accusation idiote et fausse.

» CITOYENS,

» Le Gouvernement s'affirme de plus en plus le laquais des Juifs.

» Répondez à ses provocations par le calme, mais aussi par le bulletin de vote, la seule arme qui vous reste pour vous faire rendre votre liberté et vos droits !

» VIVE LES REGIS !

» VIVE DRUMONT !

» A BAS LES JUIFS ! »

FERNAND LAFFITE. »
de l'*ANTIJUIF*.

AUX ÉLECTEURS NATURALISÉS

» Les Electeurs naturalisés sont prévenus qu'ils n'ont rien à craindre des menaces des agents ou des personnes à leur solde. Français ils sont, Français ils resteront, et rien ne peut, ni ne pourra leur faire perdre cette qualité. Du reste, rien dans la loi ne permet de dénaturaliser une personne ayant obtenu cette faveur.

» Les propos tenus par les personnes soudoyées n'ont donc aucune valeur et n'ont qu'un seul but : empêcher les Naturalisés de voter pour notre Candidat, le citoyen Edouard DRUMONT.

» VIVE DRUMONT !

» VIVE LA FRANCE ! »

Les chansons que l'on distribue journellement :

LES VOYOUS D'ALGER

(CHANSON ANTIJUIVE)

1er Couplet

C'est à Madagascar
Que partent les youdis
Là ces sales cafards
Portent leur viande cachir
Le grand maître Drumont
Et Max Régis
A grands coups de bâton
Feront partir les youdis.

Refrain

Debout Français
Et vous braves Espagnols
C'est assez subir le joug des youdis
De nos menaces d'agir
Ils en rigole
Il faut les balayer
Et l'Algérie désinfectée.

2e Couplet

Dans la ville d'Alger
Il n'y a plus qu'un cri
Patrie, Fraternité
A bas les youdis
Pourtant à la mer
Il ne manque pas
De bateaux pour les rastaquouers
Pour les mener au fond des eaux.

3e Couplet

C'est à Bab-el-Oued
Quartier travailleur
Dames et fillettes
Chantent toutes en chœur
Les hommes, les garçons
Pour acclamer Drumont
Français, Espagnols
Sont d'une gaieté folle.

APRÈS L'ÉLECTION DE DRUMONT

« Jeudi, à 5 h. 1[2 du soir, dans le Café tenu par M. Paillès, de Sidi-Moussa, un israélite nommé Moïse Amar, plus connu sous le nom « les yeux bleus », marchand forain, courant tous les centres les jours de marché, consommait en compagnie d'un Espagnol et d'autres personnes, lorsque tout à coup le nommé Chergui Ahmed ben Mohammed, dangereux repris de justice, faisait irruption dans le Café en criant : « Mort aux Juifs ! » Puis, avisant Amar, il se précipita sur lui et lui asséna sur la tête un formidable coup de trique. Le juif, assez grièvement blessé, roula à terre, tandis que Chergui cherchait à prendre la fuite.

» Arrêté par quelques courageux citoyens, il fut mis momentanément à la geôle municipale en attendant son transfert à l'Arba, où le garde-champêtre l'a conduit vendredi matin. Une enquête est ouverte. »

(*DÉPÊCHE ALGÉRIENNE*
du 12 juin 1898).

FAITS ANTIJUIFS

« Un vent de manifestation a soufflé, hier, sur divers points de la ville.

» D'abord, vers une heure, quelques instants avant la rentrée en classe, les élèves de l'école de l'avenue Gandillot ont occasionné un fort tapage dans le quartier environnant, par leurs chants et cris hostiles aux Juifs.

» — A cinq heures, après-midi, un attroupement assez considérable s'est formé autour de deux femmes, qui avaient eu une discussion avec un juif resté inconnu. Le rassemblement a été dispersé par les agents.

» — Tandis qu'il passait sur la place Bresson, à six heures et demie du soir, Salomon Zermati, trente ans, brocanteur, domicilié au n° 55 de la rue de la Casba, a été frappé au visage, à l'aide d'un bâton, par un jeune indigène, qui a aussitôt détalé. Le brocanteur en a été quitte pour une ecchymose légère à l'arcade sourcillière gauche.

» — Enfin, dans le courant de l'après-midi, rue Navarin, les agents ont arrêté le nommé Paul Vincent, vingt-deux ans, sans profession. L'avant-veille au soir, Vincent aurait, sans motif connu, tiré deux coups de révolver, sans l'atteindre, sur un certain Hadj Simon, ouvrier boulanger, demeurant 11, rue Caton. »

(*DÉPÊCHE ALGÉRIENNE*
du 10 juin 1898).

LA LIBERTÉ DE M. MAX RÉGIS

« On s'attendait à la sortie, hier, de M. Max Régis ainsi que d'un grand nombre de personnes arrêtées au cours des derniers troubles.

» Les talus qui bordent les vieilles ruines de la Casbah des Maures sont garnis de curieux, les indigènes en gandouras blanches et fez rouges occupent les sommets escarpés, où il semblent se maintenir comme par miracle.

» Au bas, sur la place, parmi les arbres du bois voisin la foule s'agite bruyante, impatientée par la longue attente. D'avisés marchands de gâteaux ou de limonades circulent à travers les groupes, débitant leur marchandises. Par intervalles retentissent les refrains antijuifs que chacun connait et que tout le monde chante en chœur. Puis, dans une sorte de char orné de draperies tricolores et de verdure, arrivent des musiciens qui jouent la *Marseillaise antijuive*, qu'on les oblige de bisser à plusieurs reprises.

» De temps à autre, partent des acclamations prolongées, des applaudissements; c'est M. Régis qui, d'une fenêtre de la prison, visible de la rue, salue la foule de la main.

» Entre midi et une heure, au moment où les attroupements se sont quelque peu éclaircis, deux incidents se produisent.

Un juif qui traverse la foule pour se rendre rampe Valée, est reconnu et maltraité ; il est même atteint d'un coup de couteau au côté gauche, mais la blessure ne présente aucune gravité. Des agents le dégagent et le conduisent encore tout tremblant au Commissariat voisin, où il reçoit un pansement : c'est un nommé Eliaou Zermati, âgé de vingt-deux ans, marchand ambulant.

» Un peu plus tard, des manifestants assaillent Chaoune Sautini, âgé de quarante-quatre ans, brocanteur, également juif. Le pauvre diable sortait de prison, où il venait de purger une condamnation à deux jours, à la suite d'une contrainte. Il est entouré, par des indigènes, frappé à coups de pieds, de poings, voire à coups de bâton, mais il se tire de ce mauvais pas sans contusions sérieuses. »

(*DÉPÊCHE ALGÉRIENNE*, du 12 juin 1898).

UN COLONEL FRANÇAIS INSULTÉ ET FRAPPÉ

« Sur la simple annonce que le Gouverneur général devait s'embarquer aujourd'hui sur le *Général-Chanzy*, une foule de manifestants s'était portée à l'embarcadère. Des témoins oculaires affirment que les Français étaient là en très petit nombre en revanche, les Etrangers et les Indigènes très nombreux. La constatation a sa valeur si l'on songe que c'est sous l'œil des Arabes et des Étrangers qu'on se proposait de saluer d'injures et de coups de sifflets, le représentant de la France.

» Mais la nouvelle partout colportée depuis hier, était fausse. M. Lépine ne projetait aucunement de prendre le paquebot, c'était Mme Lépine qui accompagnait sa mère, Mme Dulac, et l'un de ses enfants, au départ.

» Et ce fut contre ces femmes que la manifestation eut lieu.

» A ce propos, nous rappellerons ce que M. Cambon disait du haut de la tribune de la Chambre faisant allusion à des faits qu'il avait pour les besoins de la cause, travestis : Nul ne sait les larmes qu'ont eu à répandre les femmes des Gouverneurs !

» Ce qui n'était qu'artifice oratoire, destiné à provoquer l'indignation d'un Parlement français, est devenu réalité.

» Mais d'autres incidents devaient surgir d'une particulière gravité.

» Le colonel Demassieux, directeur du Génie à Alger, traversait en uniforme la place du Gouvernement, se rendant à son domicile au quartier de la Préfecture. Il arrivait à proximité du Café d'Apollon au moment même où partie de la foule remontant des quais, se répandait en cris et en chansons. Elle n'était l'objet d'aucune provocation, puisque à aucun moment la troupe n'était apparue et que nulle part on ne s'était heurté au veto de la consigne,ni au croisement des baïonnettes. Seuls quelques agents de police, d'ailleurs débordés, cherchaient à assurer l'ordre.

» Le colonel Demassieux poursuivait son chemin quand il aperçut un indigène menaçant un agent. Ce dernier essayait d'amener au poste son agresseur, mais la tâche lui était rendue impossible et par les résistances du délinquant et par l'hostilité de la foule ameutée.

» L'officier estima qu'il était de son devoir de prêter main forte au représentant, si modeste fut-il, de l'autorité.

» Alors se passa une scène déplorable.

» Tous ces manifestants, parmi lesquels — nous nous faisons un plaisir de le constater — on aurait eu de la peine à trouver de nos compatriotes, vomissent des injures contre le colonel. On n'entend que ces cris : « A bas les traitres ! A bas les vendus ! A bas Dreyfus ! A bas les juifs ! » Des pierres sont lancées contre cet officier supérieur et l'une d'elles l'atteint, sans gravité heureusement, à l'épaule.

» Le colonel ne perd pas une seconde son sang-froid. Sous les huées, sous les injures, il continue sa marche. Escorté par une foule qui a encore grossi et dont l'hostilité va croissant, il regagne son domicile, rue Philippe. Pendant tout le parcours ce sont les mêmes imprécations : « A bas les traîtres ! A bas les vendus ! A bas Dreyfus ! » A plusieurs reprises il s'arrête, fait face à la masse hurlante. C'est vainement que la police, sous les ordres du commissaire central, a essayé à un certain moment de le dégager.

» Il sera difficile d'expliquer cette explosion de haine, en prétextant n'importe quelle raison politique, ou n'importe quelle répulsion contre les juifs. Le colonel Demassieux est Français, et voici à titre de document ses états de service :

« **DEMASSIEUX** (Louis-Nicolas), directeur du génie à Alger. Promotion de l'Ecole Polytechnique de 1863. A la sortie de l'Ecole d'application de Metz, lieutenant à Tahiti, chargé de la direction des travaux civils et militaires.

Capitaine en Nouvelle-Calédonie, au moment de la guerre de 1870. A demandé à rentrer en France, mais par suite de la longueur de la traversée n'arrive que lorsque les opérations sont terminées et est envoyé au camp de Montpellier.

» Envoyé ensuite en Cochinchine, où il a construit les casernes de Saïgon. Revenu en France, a construit les casernes de Nîmes et de Toul.

» Successivement chef de génie à Aumale, Dellys et Tunis, où il était en 1887.

» Chef du génie à Alger. Officier de la Légion d'honneur.

» Directeur du génie à Constantine, il s'y trouvait au moment des derniers troubles et par suite de l'absence de supérieurs hiérarchiques, fut chargé d'assurer l'ordre. Il s'en acquitta avec tant de tact qu'il reçut à cette occasion les félicitations de ses chefs.

» Mais quand bien même les états de service de M. Demassieux eussent été moindres, il était colonel de notre armée, il se trouvait en uniforme, il portait sur sa poitrine la croix d'officier de la Légion d'honneur, il avait triplement droit au respect de la foule.

» Mais nous l'avons dit, cette foule n'était pas française et elle ne se composait que d'Arabes et de cosmopolites, de ceux qui n'ont pas souffert de la trahison de Dreyfus et qui n'ont pas éprouvé dans des heures d'angoisse le besoin de pousser le cri de ralliement : Vive l'Armée !

» Voilà de quoi prêter à réfléchir à M. Marchal qui s'applaudissait récemment encore de voir les indigènes s'intéresser enfin et pour la première fois à notre politique. Voilà de quoi prêter à réfléchir à ceux qui imprudemment ont parlé de séparatisme.

» Entre un officier supérieur de notre armée et un indigène la foule cosmopolite n'a pas hésité une seconde. C'est pour ce dernier que se sont déclarées toutes ses préférences, et un colonel, parcequ'il voulait maintenir un Arabe dans le respect de l'ordre, a été traité de traître, de Dreyfus, de vendu.

» Si des incidents comme ceux-ci n'ouvrent pas les yeux des plus aveugles à quels autres incidents faudra-t-il s'attendre. Si un groupement de tous les Français ne s'opère pas instantanément contre tous les cosmopolites, quels terribles lendemains nous préparons à l'Algérie !

....

DANS LA RUE

« Des bandes de manifestants se répandent dans les divers quartiers et se livrent à la chasse aux Juifs. Quelques-uns de ceux-ci ont été hués, frappés même, mais — hâtons-nous de le dire — aucun d'eux n'a été sérieusement atteint.

» Rue des Tanneurs, deux Juifs sont poursuivis à coups de pierres ; ils peuvent échapper en fuyant.

» A sept heures et demie, à l'entrée de la rue Bab-Azoun, près du Square, le nommé Ernest Bacri, employé de commerce, est assez maltraité. Des agents surviennent, qui le dégagent et l'inspecteur Saunal arrête deux des agresseurs, qui, conduits au commissariat de la rue Scipion, sont écroués à la geôle : ils se nomment Pierre Racoura, trente-cinq ans, garçon boucher, domicilié rue d'Aumale et Justin Martin, demeurant rue de Constantine.

» Tandis qu'il prête main-forte à l'inspecteur de police, un lieutenant de gendarmerie en bourgeois, M. B... L... est légèrement blessé d'un coup de canne à la lèvre supérieure.

LA SOIRÉE

» Le soir, dans les rues, on remarque une animation inaccoutumée. Des bandes manifestent bruyamment çà et là. On a augmenté partout les postes d'agents.

» Vers neuf heures et demie, une cinquantaine d'enfants, presque tous indigènes, grimpent au pas gymnastique l'escalier de la rue Molière, derrière le Théâtre et arrivés devant le Bar des Réclames, à l'entrée de la rue de la Lyre, bombardent à l'aide de pierres, dont au préalable ils se sont munis, la devanture de cet établissement dont deux glaces sont brisées ; puis ils disparaissent en s'éparpillant dans toutes les directions.

» Cette affaire cause quelque trouble dans la rue et M. Delpech, commissaire de police, arrive pour rétablir l'ordre.

» Une autre bande va manifester devant un Café qui fait l'angle des rues Mahon et du Vieux-Palais. L'attroupement qui se forme à cet endroit est dispersé par le poste voisin des chasseurs d'Afrique.

» D'autres manifestants, au nombre d'une quarantaine, longent la rue Bab-Azoun, se dirigeant vers le square où a lieu le concert tri-hebdomadaire de l'orchestre municipal. Ils frappent avec leurs bâtons sur les volets de quelques boutiques et sifflent en passant devant la rue Scipion. Des agents sortent du Commissariat de police et les dispersent.

» Un peu plus tard, on assaille deux juifs, dans la rue Navarin ; l'un d'eux, nommé Laskar, ferblantier, est légèrement blessé à la tête et reçoit des soins au Commissariat de police du 1er arrondissement.

« A minuit tout est rentré dans le calme.»

» Hier matin, dans la forme qui lui est spéciale, F. L.. autrement dit Ferd. Laurens, annonçait, dans le *Télégramme*, le départ pour France de M. Lépine et de sa famille.

» Et, afin qu'il ne puisse y avoir de doute dans l'esprit de ses lecteurs, sur la raison *réelle* pour laquelle il annonçait le départ de M. Lépine, alors qu'il savait pertinemment — lui qui est si bien informé — que c'était la belle-mère du Gouverneur qui partait pour France, il terminait son article en parlant de l'*antipathique enthousiasme des foules !*

» L'invitation était très catégorique, la foule spéciale qui fait habituellement cortège au séparatiste Laurens avait compris.

» Aussi, lorsque Mme Lépine arriva sur les quais, accompagnée de sa mère, fût-elle l'objet des insultes les plus grossières.

» Quelques instants après, sur la place du Gouvernement, un colonel du Génie était aussi outrageusement insulté.

» Voilà l'œuvre de M. Laurens, de ce fougueux *Antijuif* (?) que le vaillant marquis de Morès chercha vainement pendant deux jours pour lui demander compte de ses injures contre la princesse Bibesco, prieure du Carmel d'Alger.

» Ne croyez pas aux moins qu'il ait dans la conduite de M. Laurens autre chose qu'une vile idée de spéculation.

» Ce fougueux *Antijuif* (??) qui exploite depuis quelques

jours, avec une rare âpreté la mise en liberté de Max Régis, s'est rendu compte que du moment où Régis serait libéré il ne lui resterait plus grand chose à dire dans son journal.

» De là, à concevoir l'idée de provoquer un incident qui pût faire retarder la libération de Max Régis, il n'y a qu'un pas, car M. Laurens est capable du plus infernal machiavélisme.

» Nous protestons avec la dernière énergie contre ces procédés inavouables, procédés qui ont eu pour conséquences de faire insulter une femme et un colonel de l'armée française. »

(DÉPÊCHE ALGÉRIENNE du 15 juin 1898).

Samedi soir, les amis de Max Régis ont signifié à la population juive qu'ils ne voulaient plus la voir dans les lieux publics.

Au concert du Square, M. Carrus a été poursuivi par une foule hurlante qui lui intimait l'ordre de se retirer avec sa sœur et sa nièce. Devant sa résistance elle s'est ameutée, a interrompu le concert et soulevé un véritable scandale. Ce n'est que sur l'intervention de la police, inquiète de la tournure que prenaient les événements que Carrus consentit à se retirer en traitant cette bande de misérables, comme elle méritait.

Dimanche soir, pareille violation du droit des gens. La *Dépêche Algérienne* la relate dans son numéro portant la date du 2 juillet 1898 :

CHASSE AUX JUIFS

« Le boycottage antijuif se traduit maintenant par la chasse aux juifs dans les squares et sur les places publiques :

« Divers incidents se sont produits dans la journée d'hier, notamment après l'arrivée de Max Régis.

» Le soir, sur la place du Gouvernement, ainsi qu'il avait été fait la veille, au square Bresson, des juifs qui s'étaient aventurés autour de la musique des zouaves, ont dû se retirer sous la huée des manifestants. »

APOTHÉOSE DE MAX RÉGIS

THÉATRE-CIRQUE

DIRECTION : J. PROVOST

VENDREDI, 17 JUIN 1898, A 8 HEURES

SOIRÉE DE GALA

Organisé sous le patronnage de l'*Antijuif* en l'honneur
de MAX RÉGIS
au profit des pauvres de « l'*Antijuif* »

« Avec le concours de l'*Orchestre Municipal*, sous la direction de M. Rey. — Mlle Norcy qui chantera : *Les Voyous d'Alger*. — M. Dorban qui dira : *Les Ecrevisses*. — La *Lyre Algérienne*, sous la direction de Moëbs. — L'*Œuvre de Max Régis*, à-propos en vers de G. Moussat, dit par Mme Jane Ryant. — Les Députés Antisémites : Drumont, Marchal, Morinaud, Faure. — ***Couronnement du buste de Max Régis. — Apothéose d'après les plans de Roussigné.*** — *Les Enfants de l'Algérie*, sous la direction de M. Maison. — Pour la première fois, à Alger, les *5 Constanzerski*, dans leurs jeux Icariens ; Les Teska, équilibristes tête-à-tête ; Aziza ben Khir, la belle créole. — La *Philharmonique de Bab-el-Oued*, sous la direction de M. Ducasse. — *Pot-Pourri Antijuif* dédié à Max Régis, arrangé par Taillefer, exécuté par l'Orchestre du Théâtre-Cirque. — Arc de Triomphe, plantes et guirlandes de la Maison Alisse. — Cortège Triomphal.

» Représentations de : Robertson, célèbre équilibriste ; Lola de la Sava et ses chiens dressés ; Portal, de la *Scala ;* Jane Marly, de l'*Eldorado ;* Sinoel, le populaire ; Jane Ryant, gommeuse ; Laure Damoye, diseuse ; Léontia, danseuse ; Paulinette, comique ; Desparis, excentrique ; Declaire, genre ; Félicia, espagnolade. — Troupe de 50 artistes, Distribution de Bluets, Cocardès, Portraits de Max Régis ».

Prix Ordinaires des Places

» Avis. — Vu l'affluence énorne de personnes désirant retenir ses places, le public est prévenu que le parterre sera remplacé par des chaises à 2 fr. 50.

» ***La Représentation et l'arrivée de Max Régis seront annoncé par des salves d'artifices*** ».

(*DÉPÊCHE ALGÉRIENNE* du 17 juin 1898).

« Pour attíser la haine des agitateurs professionnels l'*Antijuif* fait distribuer de temps en temps des factums dont nous reproduisons quelques spécimens :

AUX ANTIJUIFS

« CITOYENS, généreux dans la victoire nous nous contentions silencieusement de livrer aux juifs la guerre commerciale.

» Aujourd'hui, appuyés sur les capitaux du Consistoire et des juifs parisiens, des individus abjects comme Nicaise, Pellegrin et compagnie, essaient à l'aide d'une presse ignoble de créer un mouvement en faveur des juifs. Bien plus, ils vous menacent à l'aide de miséreux, de se rendre maître de la rue et de vous assommer aux premières manifestations contre les juifs et leurs soutiens.

» Ne pouvant châtier les lâches qui s'intitulent les dirigeants et qui se dérobent constamment, nous comptons sur vous pour réprimer sévèrement toutes tentatives d'hostilité. Ils veulent se rebellionner, à nous de les écraser sans pitié.

» Ce soir Max Régis arrivera par le courrier pour reprendre son poste de lutte.

» ANTIJUIFS, de votre union et de votre persévérance dépend la victoire définitive.

» A bas les juifs et leurs misérables salariés. »

(L'ANTIJUIF).

« Citoyens,

» Le Maire et les quelques épaves restantes du naufrage municipal nous provoquent ce soir en réunion publique.

» Amis, rendez-vous ce soir, à 5 heures, à la Mairie.

» Max Régis y sera avec ses amis.

» La réunion de ce soir sera décisive. »

L'ANTIJUIF).

« Citoyens Antijuifs,

« Les événements municipaux d'hier soir revêtent un caractère d'extrême gravité.

» Opprimés et spoliés par une municipalité judaïsante toute livrée au fonctionnarisme, nous voulons, par une manifestation pacifique, dire à ces gens que nous avions assez d'eux.

» Ces affolés jouant aux petits Granet et Lépine, ont mis sur pieds toutes les forces publiques municipales et la gendarmerie et ont ordonné des arrestations.

» Outrés de cette suprême infamie, après tant de ruines et de maladresses accumulées, nous avons immédiatement télégraphié à notre Directeur que sa présence à Alger était urgente.

» Max Régis interrompant momentanément sa campagne dans la Métropole, arrivera demain dimanche, par le courrier.

» Citoyens, à demain, grande manifestation dirigée contre la Municipalité Algéroise, dont nous voulons à tout prix le départ immédiat.

» ***A bas les juifs et les municipaux judaïsants !*** »

(L'ANTIJUIF).

Distribué le samedi 9 juillet 1898.

AUX ANTIJUIFS

« C'est ce soir, à 2 heures, que se joue le dernier acte du crime judiciaire dont sera fatalement victime Louis Régis.

» Nous vous invitons à venir voir le sinistre facies du haineux et féroce procureur Eon qui doit requérir contre notre ami. »

(L'ANTIJUIF).

UN DUEL DE MAX RÉGIS

COMMENT IL ENTEND LE RESPECT DE SES ADVERSAIRES

DU « COMBAT ALGÉRIEN »

» Notre collaborateur a reçu de ses témoins la lettre suivante :

« Alger, le 20 Juillet 1898.

» CHER AMI,

» Votre rencontre d'aujourd'hui avec Milano, dit Régis, n'a été qu'un infâme guet-apens, préparé de longue main, dans le but de vous assommer.

» Le coup de poing que vous avez reçu, sur l'œil, d'un individu, véritable échappé de Cayenne, les coups sans nombre que les Fèvre et autres, au nombre de deux cents, nous ont administrés, témoignent éloquemment de la véracité de ce que nous avançons.

» D'un autre côté, malgré votre conduite loyale pendant toute la durée du combat, nous avons dû signer un procès-verbal FAUX, puisque des révolvers étaient braqués sur nous.

» Nous ne voulions pas signer, mais la mort nous attendait. Nous récusons ce procès-verbal.

» Nous déclarons, à nouveau que le sieur Milano était furieux de ne pas avoir pu vous blesser grièvement et nous vous affirmons qu'un de ses amis a déclaré que si vous l'aviez blessé un tant soit peu, vous auriez été écharpé.

» Dorénavant, nous vous conseillons de ne plus accepter de rencontre avec de tels individus.

» Agréez, cher ami, nos sentiments, les meilleurs.

E. FILLAUDEAU. CALZAT.

Sans commentaires. »

LA RÉDACTION. »

AUX VRAIS FRANÇAIS !!!

» Notre collaborateur ainsi que ses témoins MM. Calzat et Fillaudeau, sont tombés hier après-midi dans un guet-apens INFAME, au cours d'une rencontre avec l'Italien Milano, dit Régis, lequel nous le déclarons, plus que jamais, n'est autre qu'un ESPION à la solde d'*Umberto primo*.

» Nous avions prévenu notre collaborateur et ses amis, mais n'écoutant que son courage, celui-ci avait tenu à se rencontrer une bonne fois avec Milano l'Italien.

» Deux cents individus, aux mines patibulaires entouraient les combattants, *contrairement aux règles les plus élémentaires de l'honneur* et par leur présence rendaient impossible toute espèce de combat régulier.

» Puis sur un signe de Milano, une trentaine de ces vauriens se sont jetés sur nos amis, lesquels ont été presque assommés, et n'ont dû leur salut qu'à leur courage.

» Citoyens, vous reconnaitrez la conduite ignoble des crapules du boulevard Bon-Accueil, en les huant, désormais dans la rue. Ils ne sont rien autre que des LACHES ASSASSINS qui attendent au coin d'une rue et que l'on désigne sous le nom de sales italiens.

» Malgré ces bandits, envers et contre tous !

» Vive la République Sociale.

» Mort aux lâches et crapuleux assommeurs de l'*Antijuif*. »

(Le COMBAT ALGÉRIEN).

LES VIOLENCES DE LA BANDE

Un ouvrier français assassiné pour avoir voulu combattre les candidatures cosmopolites, dans une réunion provoquée par Max Régis.

AUX HOMMES LIBRES !

« Vous êtes révoltés, n'est-ce pas, à l'annonce de la mort de ce brave vieillard ARGANAUD, ce digne travailleur qui, comme tous les libertaires, allait prêchant la liberté, oui, la liberté et le droit de vivre en travaillant.

» Depuis le début de cette ignoble campagne antisémite, avons-nous pu, nous hommes libres, pénétrer dans une de ces réunions, où l'on prêchait la discorde ? Si, parfois, un des nôtres s'y est hasardé, ces prétendus républicains ne trouvaient rien de plus noble et de plus chevaleresque que de les insulter, les souiller de crachats et de les frapper, sans donner le temps de s'expliquer. Ces brutes, ces misérables n'ont jamais accepté la contradiction, et pour cause......... ils savaient que nous étions toujours armés, et de quelles armes : la vérité et la justice.

» Pauvre Arganaud ! ! C'est sur toi qu'ils ont fait retomber toute leur fureur. Repose en paix, noble victime, et ce mot de liberté que tu aimais tant répéter, nous le crierons plus que jamais de toute notre énergie en y ajoutant toujours

» A BAS LES DICTATEURS !

» *P. S. — Rendez-vous tous aux Obsèques du camarade ARGANAUD aujourd'hui à deux heures de l'après-midi à l'hôpital de Mustapha.* »

LES GROUPES ANARCHISTES,
d'Alger-Mustapha.

LES ÉLECTIONS MUNICIPALES

de Novembre 1898 à Alger

La Modestie de Max Régis et ses Joueurs de Flûte

MAX RÉGIS, MAIRE D'ALGER

Citoyens,

« Israël et la tourbe de ses souteneurs sont écrasés !

» Afin de marquer cette splendide victoire antijuive, nous invitons la vaillante population d'Alger à pavoiser et illuminer ce soir, comme une Fête Nationale.

» Max Régis doit présider au Casino la fête de bienfaisance organisée par l'*Antijuif* en faveur des grévistes. A sa sortie, vers 10 heures, il se rendra au square Bresson, où les sociétés philharmoniques réunies joueront les hymnes du triomphe.

» A BAS LES JUIFS !

Le Comité. »

A peine installé à la Mairie d'Alger, Max Régis commence son œuvre de haine.

Il refuse aux malheureux colporteurs, aux marchands de poissons, aux revendeurs juifs, le droit de débiter leur marchandise et de circuler.

Cette abominable persécution qui atteint des sans-pain a eu pour effet de mettre sur la paille plus de trois cents familles pauvres.

Max Régis se réjouit et s'applaudit de ses exploits dans les colonnes de son journal officiel :

LA NOUVELLE MUNICIPALITÉ

« Elle continue son œuvre d'épuration et ne chôme pas la nouvelle Municipalité. Ls Maire d'Alger vient de prendre les arrêtés suivants :

» Les bars et caboulots juifs étant des bouges à provocations, se sont vus supprimer le droit d'avoir des tables devant leur établissement.

» Le Maire d'Alger vient d'arrêter que les cochers juifs auront désormais leur emplacement désigné. De cette façon il sera facile de ne pas se tromper sur le choix des voitures.

» Quant aux colporteurs français, toutes leurs demandes seront favorablement accueillies à la Mairie. Afin de faire cesser l'exploitation juive, aucune autorisation ne sera donnée aux camelots youtres.

» Bravo la Municipalité d'Alger. »

(*L'ANTIJUIF* du 4 décembre 1898).

Le sauvage a l'audace de souiller son écharpe municipale en signant les lignes suivantes :

A BAS LES JUIFS!!

« Il faut que les juifs partent et qu'ils partent de bon gré aujourd'hui, s'ils ne veulent pas, demain, partir de force !

» La Municipalité d'Alger est résolue à faire une concession aux hébreux de la ville. Elle leur offre le passage gratuit à bord des navires spécialement frêtés pour Marseille. De là, nos nez crochus pourront s'écouler dans les diverses villes de France. Puisque nos compatriotes de l'au-delà méditerranéen ont des tendresses spéciales pour les coreligionnaires de Dreyfus, cela leur donnera l'occasion de lier connaissance avec eux et, sans doute, de s'instruire.

. . . .

» Si nos juifs n'acceptent pas notre humanitaire proposition, ils reconnaîtront bientôt qu'ils ont eu grand tort. Nous sommes inexorablement décidés, en effet, à leur livrer une guerre sans merci qui, pour être légale, n'en aura que plus d'effet. Nous les mettrons dans une situation telle, en les faisant rentrer dans le rang — ce qui, paraît-il, n'est pas de nature à leur être agréable — qu'ils fuiront d'eux-mêmes le ciel algérois.

» Qu'ils acceptent donc notre proposition. C'est un bon conseil que je leur donne.

» Jusque-là, la population algéroise qui, dimanche dernier, m'a, une fois de plus, manifesté sa confiance, à la fête si touchante et si inoubliable du Vélodrome, poussera avec moi ce cri de liberté patriotique et d'émancipation sociale, où les femmes vaillantes ont jeté leur troublant écho :

« A BAS LES JUIFS ! ».

MAX RÉGIS.

Maire d'Alger.

« P. S. — Le conseil charitable que je viens de donner aux youpins est d'autant plus précieux, qu'en leur affolement, ils ont déjà entrepris de nous ménager des représailles.

....

» Qu'ils prennent garde et que nos hauts fonctionnaires cessent aussi de les encourager secrètement de leurs iniques faveurs.

» Le peuple d'Alger a perdu l'habitude de la patience.

» Encore une fois, juifs bouclez vos malles et gagnez Marseille. Cela vous sera plus avantageux. »

M. R.

L'*ANTIJUIF*, du 30 novembre 1898.

LA ROCHE TARPÉIENNE

MAX RÉGIS JUGÉ PAR SES ANCIENS AMIS

AGRESSION CONTRE CASTÉRAN

» Hier au soir, notre collaborateur A. Castéran, revenant de la réunion ouvrière de Mustapha, où il avait reçu un excellent accueil de la part de ces bons Français, passait à hauteur de la rue de la Liberté au moment où les électeurs (?) de Max Régis sortaient du meeting officiel.

» Castéran fut reconnu, et un millier de femmes, d'enfants, de naturalisés, non français de cœur, se mirent à l'invectiver et à l'assaillir.

» Castéran, conservant tout son sang-froid, et sachant à quoi s'en tenir sur ce *genre* de manifestants, se retourna à plusieurs reprises contre ces énergumènes qui le suivaient toujours, en le traitant de « traître et de vendu », les mots du Maître (??) comme l'on sait.

» Arrivé à hauteur du Cercle Militaire, où les mêmes individus *gueulaient :* « A bas l'Armée ! » Castéran fit face à ses agresseurs et comprenant le danger qu'il y avait à résister lui seule à cette foule régiphile, il se retira insensiblement dans la direction du café Tourtel, pensant à bon droit qu'ils s'y trouverait des *amis*.

» Effectivement, cette tactique lui fut utile, car, en présence de la rage insensé des fous qui s'étaient attachés à lui, et des coups de canne qu'il recevait, il eût été infailliblement écharpé.. une autre écharpe que la vôtre, Monsieur le Maire !

» De nombreuses personnes indignées, au nombre desquelles nous nous plaisons à reconnaître un de nos confrères, s'interposèrent alors et portèrent Castéran affolé et furieux dans l'intérieur du café.

» Sur ces entrefaites, ayant appris sans doute l'agression dont venait d'être victime Castéran, Max Régis, maire d'Alger, vint par sa présence exciter ses séïdes contre notre confrère, à l'égard duquel il se permit des allusions blessantes.

» Castéran, n'écoutant que son indignation, monta sur une table et dit au sieur Max : « Tu viens de faire un meeting au théâtre ; nous sommes ici dans un établissement public ; je viens d'être l'objet d'une agression inqualifiable de la part de la valetaille qui t'applaudit ; je demande à ce que toi, en ta qualité de Maire, tu m'autorises à expliquer aux assistants la conduite qu'on vient de tenir à mon égard. »

» Castéran ayant ébauché un geste, Max Régis s'écria : « Ne me touche pas ! »

» Ce à quoi notre collaborateur répondit : « J'ai le respect de moi-même et je ne touche pas tout le monde. »

» Max eut l'audace alors de dire : « ***Si tu continue, je te fais immédiatement arrêter, en ma qualité de Maire.*** »

» Un Monsieur et une dame prirent la défense de notre collaborateur ; le paisible consommateur fut immédiatement frappé au front, où il porte une grave blessure. et la dame reçut plusieurs contusions. »

(*TÉLÉGRAMME ALGÉRIEN*
du 10 décembre 1898).

LACHE ATTENTAT

APPEL AUX FRANÇAIS

» En janvier dernier, notre collaborateur A. Castéran, cet ami dévoué, ce compagnon de nos luttes, de nos espoirs, et de nos déceptions, tombait frappé par les juifs pour la cause antisémite et pour Max Régis.

» Aujourd'hui, les sbires de Max Régis, maire d'Alger, chargé d'assurer l'ordre, mais ambitieux agitateur qui ne sème que le désordre, la ruine, et la haine, frappent ce même Castéran qui n'a que le tort de vouloir enlever la Ville d'Alger aux mains d'un tyran, éclairer le peuple emballé, et défendre la France, notre chère France, contre l'empiètement étranger.

» A la veille du vote de l'amnistie au Sénat, Max Régis, par ses excitations malsaines, a été assez maladroit pour ramener des manifestations que ses fonctions lui ordonnaient d'apaiser.

» Nous le rendons responsable de ce qui se passera et dénonçons aux consciences républicaines et françaises l'attitude antipatriotique de ce Maire dont la violence ne peut que pousser les citoyens au crime et à l'assassinat.

» Une foule considérable de citoyens français est venue dans nos bureaux protester contre l'agression ignoble dont notre collaborateur A. Castéran a été victime, et nous a prié de faire un appel aux Français d'origine et aux Français d'adoption qui veulent nettement marcher avec nous sous le drapeau de la Mère-Patrie.

» Nous le faisons bien volontiers ; on trompe le peuple ; le sang de nos soldats, versé en 1830 pour la conquête de l'Algérie, ne doit pas être profané par l'étranger.

» Monsieur le Maire d'Alger, puisque nous ne sommes plus en France, prenez bonne note que nous nous défendrons ; Castéran vous a fait voir hier, malgré vos gardes du corps, quel est le sang qui coule dans nos veines.

» L'Algérie aux Français ! Voilà le cri de ralliement devenu nécessaire et que nous lançons comme un appel d'alarme dans la population indignée et insultée par son Maire.

» LA RÉDACTION. »

(*TÉLÉGRAMME ALGÉRIEN*)
du 10 décembre 1898.

AU MAIRE REGIS-MILANO

» Nous déclarons au Maire d'Alger qu'il est disqualifié. Un homme d'honneur, un Français, ne peut plus croiser le fer avec cet étranger, cet ennemi de notre pays.

» Nous réservons nos poitrines et nos armes pour repousser les Italiens qui rêvant, les insensés, de s'emparer de notre belle colonie, viendront, sans doute, dans un jour prochain, débarquer sur cette terre arrosée du sang français.

» Alors nous combattrons avec toute l'énergie dont nous sommes capables, persuadés qu'au milieu des hordes calabraises, nous y verrons le Maire d'Alger.

» VIVE L'ALGÉRIE FRANÇAISE !

» VIVE LA RÉPUBLIQUE !

» A BAS LES JUIFS !

» LA RÉDACTION. »

(*RADICAL ALGÉRIEN* du 10 décembre 1898).

« Nous n'admettons pas, surtout dans les circonstances que traverse la France, que des néo-français se réclament à la foule aveugle et inconsciente bien souvent, d'un patriotisme autre que le leur, celui de leur pays d'origine.

» Les Italiens, quoique naturalisés français et le Maire d'Alger entre autres, ne peuvent ni ne doivent crier « Vive la France « avec toute la sincérité qui convient à ce cri.

» Nous ne leur reconnaissons pas le droit de s'ériger en chef de parti politique ; de descendre dans la rue, d'attenter à nos prérogatives de français et de violer les libertés que nous avons conquises.

» Les faucheurs de macaronis, à qui nous avons tout donné : hospitalité, bien-être et sécurité, doivent savoir manifester leur reconnaissance, tout autrement qu'en insultant leurs bienfaiteurs. Il importe pour eux de savoir que si les Français sont bons, affables et courtois, ils sont et doivent rester maître chez eux.

» Les insanités qui font le monopole de certaines immondes feuilles ; les épithètes, d'autant plus criminelles qu'elles sont jésuitiques, de *traitres* et de *vendus* ne sont pas permises à tous et pour tous.

» Le Français est clément ; il pardonne bien une première fois, mais en cas de récidive et s'il se sent en présence d'une bande de marlous, il se défend vaillamment.

» C'est ce que nous sommes fermement décidés à faire.

» Les insulteurs quelque soit leur situation, même usurpée, ces vils individus qui ont fait de la calomnie un dogme, qui touchent à l'honneur et aux secrets du foyer sont tout au plus bons à être tués comme des animaux dangereux. Une balle de revolver, à bout portant, voilà ce que nous leur réservons, au moins nous ne nous salirons pas la pointe d'une épée *française*.

» Les spadassins ne sont pas du siècle où nous vivons. Le duel à l'épée favori par certain matador de bas étage qui le recherche uniquement pour s'en faire une réclame, ne prouve absolument rien.

» C'est de la très grande condescendance pour un Français d'offrir actuellement à un vulgaire pignouf d'Italie, sa poitrine de Français, sous prétexte de réparer une injure.

» Les bravis ont été méprisées de tous temps, par tous les hommes non dépourvus de sens moral.

» Pour les châtier, il suffit de leur appliquer suivant la gravité de la cause un coup de pied au c... ou une balle dans la tête ; nous le redisons.

» Demain, nous aurons une guerre européenne, demain on va revoir en Algérie, les scènes pénibles de l'insurrection où le sang des Français se répandit à profusion.

» Nous nous demandons donc — avec une anxiété bien cruelle — quel sera le rôle que la plupart des étrangers qui s'abritent sous les plis de notre drapeau vont jouer, dans quelle proportion ils vont concourir à la défense de notre territoire menacé et comment ils vont manifester les sentiments patriotiques qui vibrent dans nos cœurs.

» Ne trouve-t-on pas, plus que justifiée, notre angoisse patriotique, devant ce scrutin encore incompris qui a livré les clefs de la capitale de l'Algérie à Max Régis Milano, un pur italien, francisé depuis 3 ans seulement !

» S'il est des douleurs muettes, celle-ci en est une ; tous les vrais Français, tous les bons Républicains, tous ceux qui aiment et chérissent la France, le comprendront.

« La Rédaction. »

(RADICAL ALGÉRIEN
du 10 décembre 1898).

DÉGOUT

« Les Français, les vrais Français, que le sort tient encore liés à la Colonie, éprouvent un dégoût profond de tout ce qui se dit, de tout ce qui se fait autour d'eux.

» On ne voit plus qu'une bande de jésuites, et un ramassis de Rastas qui veulent mettre en coupe réglée l'Algérie agonisante.

» A cette trinité étrangère, plus dangereuse que la trinité cachire, à ces deux trinités réunies, j'adresse l'expression de mon plus profond mépris, au nom de tous les Français.

....

» Par dessus tous les toits, j'entends des raisonnements pénibles, derniers vestiges du moment d'emballement — j'entends des ouvriers se plaindre — je les sais hantés par des idées noires; le pain manque à la maison; le chômage est du dehors.

» Par dessus tous les toits on raconte que si c'était à refaire...

» Mais dans quel rêve ne sommes-nous pas?

» A qui appartient l'Algérie ?

» Voulez-vous le savoir?

» L'Algérie appartient aujourd'hui à une réunion de forbans, de veules et de lâches. Tout y est aux enchères, les places deviennent vénales; on les accorde comme récompenses de services inavouables.

» La politique malhonnête tient le dessus, les malotrus ont pris la corde, ils se sont imposés crapuleusement sous une heureuse impression, produites par de mensongères promesses, et ils sont là tous se vautrant dans leur boue, comme des porcs à l'engrais.

» Riant tableau! Friant régal! »

RADICAL ALGÉRIEN, 9 décembre 1898.

FRANÇAIS ! NATURALISÉS !

« C'est à vous tous, Français d'origine et Français d'adoption, que j'en appelle aujourd'hui. L'Algérie, que les premiers aiment comme la Mère-Patrie pour les souvenirs historiques qui s'y rattachent, les seconds pour son sol qui les fait vivre, l'Algérie se meurt. Les dissensions ruinent son crédit. Elle paraît être aux yeux des Métropolitains un pays où l'on ne peut se hasarder que la dague au poing ou le tromblon en joue. Métamorphosée en maquis calabrais, la sécurité n'y est plus qu'un leurre. Nous voilà revenus à l'époque des corsaires avec cette différence que ces corsaires sont des terriens.

» Toutes les exactions, toutes les hontes, toutes les vilenies d'une bande d'incubes se dissimulent sous l'étiquette d'antisémitisme, ah ! il a bon dos cet antisémitisme deuxième manière. Et parce que nous protestons avec énergie contre les menées infâmes de cette armée d'aigrefins, on nous épithète de traîtres et de vendus ! A nous, qui avons aidé à briser les grilles de Barberousse pour délivrer l'Italien, vingt fois parjure, Milano, les coups de surin et les insultes. A nous, ses libérateurs d'hier et ses justiciers de maintenant, ses haines de fanfaron et ses imbéciles calomnies, ses impuissantes menaces et ses rodomontades de charlatan. A nous, les désabusés de l'heure dont il redoute les coups de boutoir au point de nous faire tendre de criminels guet-apens par sa basse... cour gavée de prébende cléricale et étrangère, ses tartufferies et ses colères ridicules. A nous, tous ses instincts de sottise et de vanité, soit ! C'est un honneur que nous revendiquons.

» Il faut bien le dire une fois pour toutes. Ces vendus (!) et ces traîtres (!!) se font une gloire d'avoir impitoyablement rejeté de leur sein ce « doux » et « candide » Max qui sème l'or des gogos sur les tapis verts de la Côte d'Azur.

. . . .

» La cause que l'étudiant en rupture de Code, Milano, cherche à faire aboutir, est celle de l'anéantissement de l'influence française dans le nord de l'Afrique. Stylé par des *personnalités* dont nous découvrirons la trace, il travaille à la réalisation de cette œuvre antipatriotique et c'est dans cette voie qu'un député *nationaliste*, Drumont, suit cet écervelé malfaisant.

» La question juive n'est pour rien à cette heure dans les agissements de Régis. Il ne veut et ne cherche que la disparition d'un parti, le PARTI FRANÇAIS, dont une presse à laquelle je me fais une joie d'appartenir est le porte-fanion.

. . . .

» Cet homme (Drumont) n'avait pas à suivre le « chevaleresque Max » dans les errements coupables où il voudrait entraîner les Algériens.

» Cet homme devait user de son expérience bien au contraire auprès de son ambitieux ami pour lui montrer le péril qu'il encourait. Cet homme devait se refuser à prendre en main la défense d'un agitateur d'aussi piètre envergure, devant une Chambre qui lui infligea la dure leçon que l'on sait. Cet homme aurait dû se souvenir que des malheureux ont leur casier judiciaire balafré du sceau de Barberousse et qu'il ne devrait pas compromettre l'amnistie libératrice.

. . . .

» L'occasion était cependant belle pour lui de rallier bien des suffrages, en se refusant à faire chorus avec la bande d'énergumènes, dont Régis est le chef incontesté (oh ! oui), qui aboie aux trousses de tous les défenseurs désintéressés des libertés et des traditions de la Patrie. »

(*TÉLÉGRAMME ALGÉRIEN*
du 31 janvier 1899).

OPINION D'UN ANCIEN OFFICIER D'ÉTAT-MAJOR

SUR LES MENÉES ANTIJUIVES

TRIBUNE PUBLIQUE

VIGIE ALGÉRIENNE, du 29 juillet 1898

« M. le baron de Vialar nous adresse l'article qu'on va lire. Nous n'avons pas cru devoir en refuser la publication, par considération pour son auteur. Toutefois, nous devons déclarer qu'il ne saurait en rien engager le journal. Notre but, en l'insérant, est de montrer combien ont été regrettables les incidents de ces derniers mois, puisqu'ils ont réussi à diviser des hommes qui ont donné tant de preuves d'attachement à la France et à l'Algérie. »

« Par ces temps de mensonges et de canicule il est permis à tout le monde d'avoir ses nerfs et j'excuse M. de M....... de vouloir passer les siens même à coups de revolver sur les gens qui crient à bas les Français, mais M. de M....... ne se trompe-t-il pas sur l'objet de son indignation et pour faire cesser tout désordre n'est-ce pas d'abord les gens qui crient à bas les juifs, qu'il faudrait commencer par faire taire ?

» M. de M....... a le sang généreux et puisqu'il veut bien entrer en lice il me plairait de lui voir prendre les armes pour une raison plus juste.

» Comment, voilà plus de six mois que l'autorité qui est là en cause, laisse sous prétexte de liberté, insulter, molester, piller, assommer toute une partie de la population et c'est lorsque le lapin égorgé proteste qu'un homme de cœur voudrait l'empêcher de crier ! Si j'entendais auprès de moi un juif crier à bas les Français (1), je ne sais pas si mon sang bouerait et si je ne lui imposerais pas silence ; mais à juger les choses de sang-froid je trouve que ce juif a parfaitement raison et je ne prends nullement pour moi cette invective qui ne s'adresse dans l'esprit de celui qui la profère qu'aux misérables lâches qui se mettent dix contre un pour molester ou pour assommer un pauvre diable. Si les gens qui commettent ces infamies peuvent se dire Français, il n'y a vraiment pas de quoi en être fier et je ne me sens nulle envie de me solidariser avec eux et d'être leur complice.

» Oui à bas les Français qui n'en ont ni le cœur ni les traditions. Ce n'est pas dans un mot que je place mon honneur de Français, c'est dans l'idée qui l'accompagne et je suis le premier à répudier le *mot* si l'idée est absente.

» Voilà les Juifs qu'on a fait Français à tort ou à raison, qui loyalement ont accepté notre loi, qui de plus s'en sont montrés fiers, dont un grand nombre s'est élevé à notre contact, de quoi leur en veut-on et qu'aurions-nous dit s'ils eussent protesté !

» D'un autre côté, voilà les Arabes qui eux répugnent à l'idée d'être Français, qui considèrent la naturalisation française comme une honte et qui ne la demandent que par exception lorsqu'un intérêt matériel seul est en jeu. Et vous acceptez ça et vous trouvez ça charmant et vous vous servez d'eux pour houspiller les juifs qui s'ils ne méritent pas tous encore d'être Français ont au moins la bonne volonté de le devenir. Mais où donc placez-vous donc votre sens ! !

» Les juifs sont plus commerçants que vous, c'est vrai, et leur concurrence vous chagrine, mais lorsque vous voulez réfléchir vous êtes obligés de reconnaître que le consommateur ne peut pas s'en passer et qu'il est bien heureux de les avoir. C'est vous qui irez sur les routes poudreuses et brûlantes au milieu de mille dangers porter les marchandises françaises sur les marchés du Sud. Non, il vous faut sans vous déranger et au plus tôt faire votre pelote dont vous irez jouir en France, ou autres lieux ; l'argent juif au moins ne sort pas d'ici et il embellit nos villes.

---

(1) Une enquête a démontré que ce cri odieux n'avait pas été proféré par un juif.

» Les ambitions de quelques intrigants ont réussi à troubler la tranquillité et la conscience publique, à entraîner avec eux une clientèle malsaine dont ils pensent utiliser les excès. Pour ramener le sens commun il faut de l'ordre et c'est à l'autorité de nous le donner par n'importe quel moyen.

» Pour l'obtenir je fais crédit à la police même de ses coups de bâton et si les badauds ne veulent pas être passés à tabac qu'ils restent chez eux !

» Quant aux journalistes ils ont rang de soldats et si dans la mêlée où leur profession les appelle ils reçoivent quelques horions, ils en retirent au moins quelque gloire comme des balles qu'ils reçoivent sur un champ de bataille. »

BARON DE VIALAR,
Propriétaire à La Chiffa,
ancien lieutenant d'état-major au 20e Corps
Armée de l'Est.

VIGIE, du 29 juillet 1898.

EPILOGUE, SEPTEMBRE 1898

« Chers Concitoyens,

» Les agitateurs professionnels annoncent des troubles pour demain.

» Le prétexte invoqué est ma candidature au Conseil général. Maire d'Alger pendant dix-huit ans, je dois à la ville de n'être pour elle l'occasion d'aucun mal. Je retire ma candidature. La tyrannie qu'Alger subit depuis plus d'un an, le régime de terreur qui pèse sur elle, la permanence de l'émeute qui la ruine et la déshonore, voilà contre quoi j'entendais protester. Il paraît que l'heure n'est pas venue. Puisque les événements n'ont pas encore rendu aux hommes d'ordre toute liberté active, mieux vaut hâter les solutions logiques. J'écris donc à M. le Préfet d'agréer ma démission de Maire.

» Simple citoyen maintenant, j'affirme de nouveau ma foi dans l'avenir d'Alger et dans le triomphe définitif de la liberté sur le fanatisme et sur la violence.

» Signé : GUILLEMIN,

» *Maire d'Alger.* »

APRÈS LES TROUBLES

Les troubles d'Alger ont produit dans l'esprit des honnêtes gens qui en ont été témoins une impression que le temps pourra diminuer, mais non effacer. Le rouge de l'indignation nous monte au front quand nous nous y reportons par la pensée et les expressions du mépris le plus sanglant sont prêtes à échapper à notre plume, à l'adresse des fauteurs de ces hideuses journées et des misérables qu'ils ont entraînés à la curée. Le lendemain des derniers actes de vandalisme qui s'étaient succédé pendant près d'une semaine, la rue Bab-Azoun dont les magasins Juifs avaient subi l'assaut de la meute hurlante embrigadée et stipendiée par les meneurs dont le nom est dans toutes les bouches, la rue Bab-Azoun, disons-nous, était devenue un véritable lieu de pélerinage. Presque toute la ville y a passé, hommes, femmes et enfants, vieux et jeunes, riches et pauvres : les figures rayonnaient, des sourires de satisfaction erraient sur toutes les lèvres à l'aspect des devantures éventrées, des glaces brisées, des marchandises gisant pêle-mêle à terre, piétinées, maculées, mises en morceaux. Devant le magasin Fassina, un de ceux dont les riches approvisionnements avaient le plus tenté les vandales antisémites, nous avons entendu une Maltaise en extase, dire à une de ses compatriotes : « Voilà de la belle ouvrage, si qu'on aurait fait ça « depuis longtemps, y aurait plus si tant de misère « chez le pauvre monde ». Et l'autre mégère de répondre : « Sigouro ! ».

Deux jours après, à la station des tramways qui, de la place du Gouvernement vont à la Cantère, deux chiquettes espagnoles, en attendant le départ, devisaient, au milieu d'éclats de rire, des évènements de l'avant veille : « Moi, disait l'une, j'étais à la porte du « Juif qui vend de la chaussure avec Salvador : passe-

« moi donc cette paire de bottines claquées, que je « lui dis. Il me la passe enveloppée dans du papier. « Arrivée chez moi, j'ouvre le paquet, elles étaient « toutes les deux du même pied ! j'étais dans tous « mes états, ma chère ! ».

Et l'autre de dire à son tour : « Pepe a eu un cou- « pon chez le marchand de la rue Bab-el-Oued, mais « il lui manquait quelques centimètres pour un pan- « talon : j'ai couru tous les magasins français sans « trouver le drap de même nuance ; ça m'embêtait à « la fin, je l'ai vendu quatre pesetas à la mère Car- « melo pour son petit Micaël ».

D'autres faits de même nature nous ont été rapportés : nous ne les publions pas, n'ayant pu en contrôler la rigoureuse exactitude. Grâce à l'attitude énergique des chefs du Parquet, de nombreuses arrestations furent opérées : le tribunal correctionnel, siégeant presque en permanence, prononça des condamnations plus ou moins sévères contre 700 inculpés. Ce nombre se décompose ainsi : 580 Français ou Algériens (??), 74 Arabes, 32 Espagnols, 11 Itataliens, 2 Maltais et 1 Allemand. Tous ces braves gens ont touché et fait vibrer la fibre lacrymatoire du vertueux Drumont qui, du haut de la tribune nationale, n'a pu s'empêcher de verser un pleur sur leur sort. « Pauvres gens ! s'est-il écrié, pour avoir « ramassé un paquet de cigarettes, ils gémiront à » Barberousse pendant des mois et des années, bru- » talement arrachés à l'affection d'une vieille mère, à » l'amour d'une jeune femme, aux innocentes ca- resses de leurs enfants en bas âge. » Si le R. P. Loriquet de la *Libre Parole* avait connu la vérité comme nous la connaissons, ce n'est pas un pleur qui se serait échappé de son œil de crocodile, c'est un torrent de larmes brûlantes qui aurait inondé la tribune pour de là se répandre sur tous les bancs de la Chambre : les cigarettes dont il parle, c'était des mégots ! !

Les événements d'Alger ne pouvaient manquer d'avoir leur répercussion dans les communes suburbaines de Mustapha et de Saint-Eugène et dans les localités de l'intérieur. Enhardi par l'impunité dont il avait joui jusqu'alors et par le concours que lui prêtait une presse qui ne sera jamais trop stigmatisée le chef des bandes qui avaient mis la ville et les environs à feu et à sang, grisé par les ruines qu'il avait semées autour de lui, était allé porter la bonne parole successivement à Blidah, Marengo, Cherchell, Boufarik, Coléa, Castiglione, etc., etc., et, partout, son passage a été signalé par le pillage des magasins juifs et les violences exercées sur de malheureux colporteurs et sur des femmes. Et la graine que ce jeune croisé a semée sur le chemin parcouru a si bien fructifié que les désordres de janvier se sont continués depuis et durent encore à l'heure qu'il est et nous sommes au mois de juillet ! Le *missus dominicus* milanais qu'un gouvernement trop débonnaire vient de rendre à la liberté dans l'espoir que cet acte de générosité ramènerait le calme dans la rue et dans les esprits, recommence ses périgrinations et s'efforce plus que jamais à faire pénétrer dans les masses populaires le virus rabique dont il est saturé !

Faut-il que nous attendions longtemps encore le : *quous que tandem*? Les autorités endigueront-elles bientôt le torrent dévastateur et se décideront-elles, une fois pour toutes, à fermer à tout jamais, le cratère du vésuve dont la lave bouillante a déjà laissé tant de catastrophes sur son passage ?

L'émeute de 1884 a duré cinq jours parce qu'elle avait été soigneusement entretenue par quelques aigrefins, une poignée de pêcheurs en eau trouble et de plumitifs aux abois et aussi parce que le chef de la municipalité aussi sceptique à cette époque qu'il l'est de nos jours, n'a pas cru qu'elle aurait les proportions qu'elle a prises. Mais grâce à l'énergie du préfet d'alors, M. Firbach, à la mémoire duquel nous sommes heureux de pouvoir rendre hommage, les désordres n'ont pas eu de lendemain, et grâce à la fermeté du Gouvernement Métropolitain, l'Algérie a joui pendant de longues années de calme et de sécurité dans la rue.

L'émeute qui a débuté avec l'année 1898 gronde encore au moment où nous écrivons ces lignes (juillet). Et nous jouissons des bienfaits de la République depuis 28 ans !

Et nous sommes la nation qui a porté d'un bout du monde à l'autre le flambeau de la civilisation, de la liberté de conscience, de l'égalité des hommes, de la tolérance religieuse ! Les nègres du Dahomey sont affranchis et jouissent, à l'ombre du glorieux drapeau tricolore, de la paix et des droits que le vainqueur leur a reconnus. Les Juifs algériens, sujets français depuis 1830 jusqu'en 1870. Citoyens depuis lors, sont l'objet de publications et de chansons immondes, d'injures et de menaces qui se hurlent dans la rue et jusque sous leurs fenêtres, expulsés, ceux-ci, des modestes emplois qu'ils occupent, ceux-là, des ateliers où ils gagnaient misérablement le pain quotidien pour eux et les leurs ; aucun d'eux n'est toléré dans les établissements publics et tous sont boycottés dans leur carrière, leur profession, leur industrie ou leur commerce.

La mise à l'index est devenue générale et rigoureuse et si quelque chrétien, Français ou Etranger, avait l'audace grande de prendre et de conserver un sectaire de Moïse à son service, d'établir ou de continuer avec lui des relations commerciales, il serait immédiatement et publiquement décrété d'accusation par le saint office dont le tribunal suprême siège à la *villa* antijuive ; une bulle d'excommunication serait lancée contre lui et rarement elle crèverait dans le vide, tant sont redoutables, et il faut l'avouer, tant sont redoutées les foudres de l'Eglise où, sous la papauté de l'ancien séïde de l'empire, pontifie un jeune écolier qui, né de parents Italiens et actuellement allié à des Italiens, n'a pas une goutte du généreux sang français dans les veines.

N'est-ce pas le cas ou jamais de crier à nos gouvernants : ***Fiat justitia et pereat*** (Dru) *mundus !*

SEPTIÈME PARTIE

RÉPONSE AUX CALOMNIES DÉBITÉES

SUR LE COMMERCE JUIF

Aux cyniques calomnies colportées sur le commerce juif par cette troupe de marchands d'orviétan qui ridiculise et déshonore l'Algérie, il est bon d'opposer des chiffres implacables, une statistique loyale et sincère qui convaincra les honnêtes gens mieux que les plus longs discours.

Ces documents de la plus rigoureuse exactitude, extraits de pièces officielles démontrent avec la lumineuse clarté de l'évidence, la probité du commerce juif. Ils sont suivis d'autres éléments aussi authentiques qui compléteront cette conviction.

Ce travail suggère une réflexion. Si l'on considère que les juifs ne peuvent être que commerçants, les carrières administratives et judiciaires leur étant impitoyablement fermées, il faut convenir que voilà des données bien éloquentes pour établir que, loin de ruiner le commerce, ils lui apportent au contraire l'appoint de leur honnêteté, de leur activité et de leur intelligence.

C'est ainsi que, dans toutes les matières que l'on examine scrupuleusement, dans les questions de ventes à réméré, d'expropriation, d'usure, les accusations portées contre eux se réduisent à néant et n'apparaissent aux hommes exempts de passion, que comme les manifestations calomnieuses d'esprits méchants, haineux, poussés par une ambition inavouable ou un intérêt électoral à répandre leurs scandaleux mensonges.

DÉTAIL DES POURSUITES EXERCÉES DEVA E TRIBUNAL DE COMMERCE D'ALGER

CONTRE DES JUI T DES NON JUIFS

DURANT L NÉE 1896

EXTRAIT des rôles du Tribunal de Commerce

DATE des AUDIENCES	TOTAUX GÉNÉRAUX des AUDIENCES MENSUELLES		CONTRE LES JUIFS TOTAUX DES AUDIENCES MENSUELLES		DIFFÉRENCE	PROPORT
et 9 mars	27.692 08		2.586 65			
6 et 18 mars	18 178 60	54.930 10	1.380 40	4 978 35	49.951 81	9 06 °
et 23 mars	9.059 42		831 30			
mars et 1er avril	20 418 14		621 15			
4 avril	8.268 49		255 56			
3 et 15 avril	2.292 41	59.312 30	665 05	4.351 91	54 960 39	7.35 °/
20 et 22 avril	17.767 78		1.204 35			
27 et 29 avril	10.565 48		1.605 80			
et 6 mai	26.322 03		2.976 45			
1 et 13 mai	31.223 19		400 80			
18 et 20 mai	19.408 16	129 845 50	3.217 05	6.594 30	123 251 20	5.08 °/
et 27 mai	52.892 12		Néant			
ai, 1er, 3 juin	34 303 87		3.859 32			
et 10 juin	25.509 77		541 19			
5 et 17 juin	188.200 46	294.263 46	8.345 18	16.258 89	278.004 57	5 52 °/
2 et 24 juin	46.249 36		3.513 20			
	A reporter.	538 351 42	*A reporter.*	32 183 45	506.167 97	

DATE des AUDIENCES	TOTAUX GÉNÉRAUX des AUDIENCES MENSUELLES		CONTRE LES JUIFS TOTAUX DES AUDIENCES MENSUELLES		DIFFÉRENCE	PROPORTION
	Report . . .	538.351 42	*Report . . .*	32.183 45	506.167 97	
4 et 8 juillet	14.536 79		3.438 90			
11 juillet	34.946 41	764 49 01	9.541 55	15.378 26	61.070 75	20.10 °/.
15 et 18 juillet	7.943 85		686 70			
22 et 25 juillet	19.021 96		1.711 11			
29 juil. et 1er août	18.169 87		2.670 30			
5 et 8 août	36.731 45	72.848 69	3.210 73	6.288 13	66.560 56	8 60 °/.
26 et 29 août	17.974 37		407 10			
et 5 septembre	20.220 26		Néant			
12 septembre	12 420 57	65 327 24	842 45	1.107 65	64.219 59	1.68 °/.
19 septembre	16.146 88		159 50			
26 septembre	16.539 53		105 70			
3 octobre	33.841 33		302 95			
10 octobre	5.126 84	62.074 89	355 60	1.950 05	60.124 84	3.14 °/.
14 et 19 octobre	7.500 11		659.60			
24 et 26 octobre	15.606 61		632 15			
31 oct. et 2 nov.	26.231 89		1.704 15			
4, 7 et 9 nov.	41.291 01		Néant			
11, 14 et 16 nov.	17 113 10	122.246 28	90	3.005 22	119.241 06	2 45 °/.
18, 21 et 23 nov.	13.821 04		717 02			
25, 28 et 30 nov.	23.789 24		494 05			
2 et 5 décembre	82 111 88		409 70			
	Totaux. .	937.297 53		59.912 76	877.384 77	Soit une proportion générale de 6.39 °/.

RÉSUMÉ MENSUEL

DES

POURSUITES GÉNÉRALES

Pendant l'année 1896

EXERCÉES

CONTRE LES JUIFS & NON-JUIFS

MOIS	CONTRE JUIFS ET NON-JUIFS	CONTRE JUIFS SEULS
JANVIER....	» »	» »
FÉVRIER....	» »	» »
MARS.......	54.930 16	4.978 35
AVRIL	59.312 30	4.351 91
MAI....	129.845 50	6.694 30
JUIN	294.263 46	16.258 89
JUILLET	76.449 01	15.378 26
AOUT	72.848 69	6.288 13
SEPTEMBRE	65.327 24	1.107 65
OCTOBRE ...	62.074 89	1.950 05
NOVEMBRE.	122.246 28	3.005 22
DÉCEMBRE .	» »	» »
TOTAUX...	937.297 53	59.912 76

Les Juifs ont été condamnés à une somme de 59,912 fr. 76 sur un chiffre de condamnations s'élevant à 937,297 fr. 53. Soit une proportion de 6,39 0/0 ou un 1/15e contre les Juifs.

DÉTAIL DES POURSUITES EXERCÉES DEVAN E TRIBUNAL DE COMMERCE D'ALGER

CONTRE DES JUIF T DES NON-JUIFS

DURANT L NÉE 1897

EXTRAIT des rôles du Tribunal de commerc

DATE des AUDIENCES	TOTAUX GÉNÉRAUX des AUDIENCES MENSUELLES		CONTRE LES JUIFS TOTAUX DES AUDIENCES MENSUELLES		DIFFÉRENCE	PROPORTION
4, 6 et 9 janvier	11.601 18		néant			
14 janvier	26.299 27	49 502 63	90 70	90 70	49.411 93	0.19 %
18, 20 et 23 janv.	11 602 18		néant			
1er, 3 et 6 février	20.398 27	36.056 42	55 98	1.679 63	34.376 79	4 66 %
18 février	15.658 15		1.623 65			
4 mars	9.516 »		205 20			
13 mars	47 195 16		6.741 20			
20 mars	15.493 09		3 364 26			
1er, 3 et 6 mars	51.160 52	201.133 49	478 99	31 434 62	169 698 87	15 50 %
8, 10 et 13 mars	29.341 91		6.990 65			
15, 17 et 20 mars	27.142 81		841 42			
22, 24 et 27 mars	21 284 »		12 812 90			
29, 31 mars et 3 avril	25 520 45		944 25			
5, 7 et 10 avril	8 144 85	90.081 32	1.751 46	13 405 04	76 676 28	14.50 %
12, 14 et 17 avril	26.001 18		4.434 53			
24 avril	30 417 84		6.274 80			
3, 5 et 8 mai	14.219 89		449 65			
10, 12 et 15 mai	18 282 01	67 260 23	1.310 80	4.394.31	62.865 92	6.50 %
17, 19 et 22 mai	19.629 19		624 50			
24, 26 et 29 mai	15.129 14		2 009 36			
31 mai, 2 et 5 juin	16 848 88		1.806 50			
9 et 12 juin	24.548 46	66.523 91	1.018 15	4 740 03	61 783 88	7 %
14, 16 et 19 juin	18.855 36		1.761 78			
21, 23 et 26 juin	6.271 21		153 60			
	A reporter.	510.558 »	*A reporter.*	55.744 33	454.813 67	

DATE des AUDIENCES	TOTAUX GÉNÉRAUX des AUDIENCES MENSUELLES		CONTRE LES JUIFS TOTAUX DES AUDIENCES MENSUELLES		DIFFÉRENCE	PROPORTION
	Report ..	510 558 »	*Report ...*	55.744 33	454.813 67	
30 juin et 3 juillet	21 759 21		6.633 10			
5, et 10 juillet	15.504 17		2.795 48			
12 et 17 juillet	14.216 44	88.060 67	1.193 97	17 547 05	70 513 62	19.50
21 et 24 juillet	12.605 44		3.083 47			
28 et 31 juillet	23.975 41		3 841 03			
7, 11 et 14 août	33.429 90		7.341 19			
18 et 21 août	12.048 44	58.364 95	3.242 08	11 806 75	46.558 20	20.25
25 et 28 août	12.856 61		1 223 48			
4 septembre	11 512 90		711 45			
11 septembre	11.736 51	47.159 74	8 344 76	11 145 67	36.014 07	23.61
18 septembre	12.468 20		1 321 31			
25 septembre	11.442 13		768 45			
2 octobre	6.228 57		2.097 08			
11, 13 et 16 oct.	36.036 25		6.919 71			
1er octobre	17.993 72	98.732 38	1 486 85	15.451 47	83.280 91	15 62
18, 20 et 23 oct.	15.244 78		1.948 80			
25, 27 et 30 oct.	23.229 06		2.999 03			
1 et 6 novembre	26.590 05		4.872 74			
8, 10 et 13 nov.	35.467 07	139 790 82	7.330 13	23.794 57	115 996 25	17.02
15, 17 et 20 nov.	53.314 15		10.961 50			
23, 24 et 27 nov.	24 419 55		630 20			
29 nov., 1er et 4 déc.	50.295 97		4.925 05			
6, 8 et 11 déc.	26.712 31	116 652 52	6.622 85	14 593 90	102 058 62	12.5
13, 15 et 18 déc.	27.922 58		2.044 40			
20, 22, 27 et 29 déc.	11.721 66		4 001 60			
	Totaux.	1.059.319 08		150.083 74	909.235 34	

Soit une pro-

RÉSUMÉ MENSUEL

DES

POURSUITES GÉNÉRALES

Pendant l'année 1897

EXERCÉES

CONTRE LES JUIFS & NON-JUIFS

MOIS	CONTRE JUIFS ET NON-JUIFS	CONTRE JUIFS SEULS
JANVIER....	49.502 63	90 70
FÉVRIER....	36.056 42	1.679 63
MARS.......	201.133 49	31.434 62
AVRIL.......	90.081 32	13.405 04
MAI.........	67.260 23	4.394 31
JUIN.........	66.523 91	4.740 03
JUILLET.....	88.060 67	17.547 05
AOUT.......	58.364 95	11.806 75
SEPTEMBRE	47.159 74	11.145 67
OCTOBRE....	98.732 38	15.451 47
NOVEMBRE.	139.790 82	23.794 57
DÉCEMBRE..	116.652 52	14.593 90
TOTAUX...	1.059.319 08	150.083 74

Les Juifs ont été condamnés à une somme de 150,083 fr. 74 sur un chiffre de condamnations s'élevant à 1,059,319 fr. 08. Soit une proportion de 14,16 0/0 ou 1/7e contre les Juifs.

'année 1898 a été bien mauvaise pour les Juifs. Elle av avec une ténacité sans égale les persécution

AIL DES POURSUITES EXERCÉES DURANT L'ANNÉE 1898 CONTRE LE

DATE des DIENCES	TOTAUX GÉNÉRAUX des AUDIENCES MENSUELLES		CONTRE LES JUIFS TOTAUX DES AUDIENCES MENSUELLES		DIFFÉRENCE	PROPORTION
et 8 janvier	49 109 11		343 85			
2 et 15 janv.	30.196 10	131.075 14	8.945 42	13 798 23	117.276 91	10 50 %
9 et 22 janv.	29.175 96		4 299 60			
6 et 29 janv.	22.593 97		209 36			
nv. 2,5 fév.	16.182 55		1 809 83			
et 12 fév.	19 260 33	114 786 09	4.032 95	24.559 47	90.226 62	21 30 %
7 et 19 fév.	18 815 42		11.913 34			
3 et 26 fév.	60.527 79		6.803 35			
v. 2, 5 mars	31.861 10		11.255 65			
et 12 mars	53.291 65	141.702 24	2 254 10	16.557 90	125.144 31	11.75 %
6 et 19 mars	56 549 49		3.048 15			
mars et 2 avril	26.021 73		6.457 69			
16 avril	24.013 14	119.661 26	4 580 73	20 367 38	99.293 88	17.02 %
0 et 23 avril	20.982 88		6.331 51			
7 et 30 avril	48.643 51		3 097 45			
4 et 7 mai	9.254 26		3.062 10			
et 14 mai	30.500 44	71 378 55	4.945 67	9.007 77	62 370 78	12 50 %
25 et 28 mai	31 623 85		1.000 »			
et 4 juin	28.104 07		4 258 85			
8 et 11 juin	15.574 »	85 430 40	3.768 15	15 572 56	69.857 84	18.70 %
15 et 18 juin	22.284 98		5 240 92			
22 et 25 juin	19.467 35		2.304 64			
	A reporter.	664.033 68	*A reporter.*	99.863 31	564.170 37	

s troubles, le boycottage effréné et prêché contre eux ercées sans cesse par les feuilles antijuives

IFS ET LES NON-JUIFS DEVANT LE TRIBUNAL DE COMMERCE D'ALGER

DATE des AUDIENCES	TOTAUX GÉNÉRAUX des AUDIENCES MENSUELLES		CONTRE LES JUIFS TOTAUX DES AUDIENCES MENSUELLES		DIFFÉRENCE	PROPORTION
	Report. .	664.033 68	*Report...*	99.863 31	564.170 37	
29 Juin et 2 Juil.	15.236 89		800 21			
6 et 9 juillet	25.525 32		3 360 18			
3 et 16 juillet	20.713 14	105 868 31	3 103 80	17.619 26	88.249 05	16.75 %
et 23 juillet	20.514 34		3 240 02			
et 30 juillet	23.878 62		7.115 05			
6 août	32 204 36	70 635 97	5.211 80	6.960 39	63.075 58	9.85 %
20 août	38.431 61		1.748 59			
3 septembre	26 091 30		1.779 46			
10 septembre	17.431 31	85 338 10	1 289 80	7.016 05	78.322 05	8 33 %
17 septembre	20.573 85		568 31			
24 septembre	21.241 55		1.384 48			
et 8 octobre	10.928 21		298 28			
0, 12 et 15 oct.	13 814 54	67.138 42	81 75	6.088 39	61.050 03	9 07 %
, 19 et 22 oct.	21.655 45		1 210 56			
, 26 et 29 oct.	20.740 22		1.497 80			
oct., 2 et 5 nov.	30.743 93		2.637 79			
, 9 et 12 nov.	26.214 18	94.719 33	899 15	10.395 23	84.324 10	10 90 %
, 16 et 19 nov.	21 973 53		935 81			
, 23 et 26 nov.	15.787 69		5 022 48			
5, 7 et 10 déc.	54.718 63		7.999 97			
2, 14 et 17 déc.	25.245 81	100.406 01	857 61	10 606 46	89.799 55	10 25 %
, 28 et 31 déc.	20.441 57		1.748 88			
	Totaux...	1.188.139 82		158.549 09	1.029 590 73	Soit une proportion générale de 13,40 0/0

RÉSUMÉ MENSUEL

DES

POURSUITES GÉNÉRALES

Pendant l'année 1898

EXERCÉES

CONTRE LES JUIFS & NON-JUIFS

MOIS	CONTRE JUIFS ET NON-JUIFS	CONTRE JUIFS SEULS
JANVIER....	131.075 14	13.798 23
FÉVRIER ...	114.786 09	24.559 47
MARS.......	141.702 24	16 557 90
AVRIL	119.661 26	20.367 38
MAI.........	71.378 55	9.007 77
JUIN	85.430 40	15.572 56
JUILLET	105.868 31	17.619 26
AOUT.......	70.635 97	6.960 39
SEPTEMBRE	85.338 10	7.016 05
OCTOBRE...	67.138 42	6.088 39
NOVEMBRE.	94.719 33	10.395 23
DÉCEMBRE .	100.406 01	10.606 46
TOTAUX...	1.188.139 82	158.549 09

Les Juifs ont été condamnés à une somme de 158.549 fr. 09 sur un chiffre de condamnations s'élevant à 1.188.139 fr. 82. Soit une proportion de 13,40 0/0 ou 1/7e et 7/15e environ contre les Juifs.

POURSUITES

Exercées devant le Tribunal de Commerce d'Alger

A LA REQUÊTE DES JUIFS

		Proportion de
ANNÉE 1896		
Juifs contre les non-juifs	89.068 27	9.50 0/0
Poursuites générales...	937.297 53	ou 1/10e
ANNÉE 1897		
Juifs contre les non-juifs	47.404 69	4.48 0/0
Poursuites générales...	1.059 319 08	ou 1/22e
ANNÉE 1898		
Juifs contre les non-juifs	60.913 44	5.09 0/0
Poursuites générales...	1.188.139 82	ou 1/19e

POURSUITES

ANNÉE 1899

MOIS DE JANVIER

Dates des Audiences	Totaux Généraux	Juifs contre Non-Juifs	Proportion
7	18.736 53	néant	»
9, 11 et 14	25.740 90	1.951 45	7.59 °/₀
16, 18 et 21	36.431 22	4.454 16	12.22 °/₀
23, 25 et 28	63.050 26	907 77	1.43 °/₀
Totaux...	143.958 91	7.313 38	

Soit une proportion générale de 5,08 °/₀, ou 1/20e de poursuites exercées par les juifs contre les non-juifs.

POURSUITES

ANNÉE 1899

MOIS DE JANVIER

Dates des Audiences	Totaux Généraux	Contre les Juifs	Différence	Proportion
7	18.736 53	1.743 59	16 992 94	9.30 %
9, 11 et 14	25.740 90	653 85	25.087 05	2 54 %
16, 18 et 21	36.431 22	374 90	36.056 32	1.03 %
23, 25 et 28	63.050 26	3.824 85	59.225 41	6.06 %
Totaux. .	143.958 91	6.597 19	13:736 72	

Soit une proportion générale de 4,58 % contre les Juifs, ou 4/100e.

FAILLITES

OU

LIQUIDATIONS

ANNÉE 1896

Sur 69 faillites ou liquidations, on en trouve 9 Israélites.

Soit une proportion de 1/8e

ANNÉE 1897

Sur 83 faillites ou liquidations, on en trouve 14 Israélites.

Soit une proportion de 1/6e

ANNÉE 1898

Sur 112 faillites ou liquidations, on en trouve 19 Israélites.

Soit une proportion de 1/6e

ANNÉE 1899

(Mois de Janvier)

Sur 8 faillites ou liquidations, on en trouve 1 juive.

Soit une proportion de 1/8e

EXTRAITS

DES

RAPPORTS DES SYNDICS

DANS UNE

LIQUIDATION ET UNE FAILLITE

DE

COMMERÇANTS JUIFS

Durant l'année 1898

(L'ANNÉE DES TROUBLES ET DU BOYCOTTAGE)

RAPPORT
DE
M. GAUDET
Liquidateur
Prescrit par l'Article 506
dans la
Liquidation Judiciaire
DAVID S.

Déposé le 14 Sept. 1898

TIMBRE
N° 475 R. S.

TIMBRE
N° 143 d'ordre

EXTRAIT des minutes du Greffe du Tribunal de Commerce de l'arrondissement d'Alger, département d'Alger, (Algérie).

Liquidation judiciaire du sieur David S......, marchand de chaussures, rue de Chartres, 3 et 1, rue Bab-Azoun, Alger.

RAPPORT du liquidateur judiciaire, pour le concordat ou l'union, conformément aux dispositions de l'article 506 du Code de commerce, et des articles 14 et 15 de la loi du quatre mars mil huit cent quatre-vingt-neuf.

Messieurs les Créanciers,

Le Tribunal de commerce d'Alger, par jugement, en date du vingt-et-un mai mil huit cent quatre-vingt-dix-huit, a admis le sieur David S. ., sur sa requête, au bénéfice de la liquidation judiciaire, conformément aux dispositions de la loi du quatre mars mil huit cent quatre-vingt-neuf.

PASSIF

Créances vérifiées et affirmées.......	56.181 34
Créances admises sauf affirmation....	4.522 35
TOTAL GÉNÉRAL......	60.703 69

L'actif de cette liquidation comprend ce qui suit :

1° Marchandises et matériel, suivant notre inventaire....	49.936 20
Il y a lieu de déduire de cette somme, les ventes effectuées en cours d'exploitation, au dix septembre mil huit cent quatre-vingt-dix-huit....	13.697 15
Reste....	36.239 05
Créances à recouvrer, environ....	2.000 »
Procès contre la commune pour pillage pendant les troubles antisémites, et suivant expertise....	9.841 65
Total de l'actif....	48.080 70

Nous avons en caisse la somme de neuf mille trois cent trois francs soixante centimes, provenant des recettes de l'exploitation.

Les créances privilégiées ont été payées.

De cette somme, il y aura à déduire les frais de greffe et autres, ainsi que les honoraires du liquidateur, qui seront fixés ultérieurement par M. le juge-commissaire.

Il nous reste encore, Messieurs, à vous fournir quelques renseignements sur votre débiteur :

Le sieur S..., exploite à Alger, deux magasins de chaussures, dont l'un déjà depuis quelques années.

Les affaires allaient assez bien, lorsque survinrent les troubles antisémites, à la suite desquels l'un de ses magasins, celui de la rue Bab-Azoun, fut pillé.

Ce pillage a été reconnu, par expertise, s'élever à la somme de neuf mille huit cent quarante-et-un francs soixante-cinq centimes.

A partir de ce moment, son commerce s'amoindrit et, ne pouvant faire face à ses échéances, il prit la résolution de déposer son bilan.

Ses livres de comptabilité sont bien tenus, et aucun fait de fraude n'est à lui reprocher.

Voilà, Messieurs les créanciers, tous les renseignements et explications qu'il est en notre pouvoir de vous donner.

RAPPORT
DE
M. MEUNIER
Liquidateur
POUR LE CONCORDAT
dans la
Liquidation Judiciaire
DAVID N.

Déposé le 26 Oct. 1898

TIMBRE
N° 522 R. S.

TIMBRE
N° 158 d'ordre

EXTRAIT des minutes du Greffe du Tribunal de Commerce de l'arrondissement d'Alger, département d'Alger (Algérie).

A Messieurs les Créanciers de la liquidation judiciaire de David N., négociant en faiences et porcelaines.

MESSIEURS LES CRÉANCIERS,

Nous, Louis Meunier, soussigné, liquidateur judiciaire définitif du sieur David N., avons l'honneur de vous faire le rapport prescrit par l'article cinq cent six du Code de Commerce.

A la date du quinze juin mil huit cent quatre-vingt-dix-huit, le sieur N. dressait son bilan et le déposait au Greffe du Tribunal de Commerce d'Alger, demandant le bénéfice de la liquidation judiciaire qui lui fut accordé par jugement du vingt-cinq juin.

Le bilan est ainsi composé :

ACTIF

Marchandises générales garnissant trois établissements	35.000 »
Matériel et agencement	1.700 »
Cheval, voiture et camion	750 »
Débiteurs divers par comptes	18.527 89
Effets en portefeuille	14 759.61
Dépôt à la Compagnie du gaz	25 »
TOTAL	70.762.50

PASSIF

Créances divers..........................	46.666.25
Dont 848 fr. en créances privilégiées, soit 748 fr. de loyers et 100 fr. d'appointements d'employés.	
La différence en faveur de l'actif est donc de..............................	24.096.25

A priori, la situation paraissait non seulement bonne, mais excellente.

Le dépôt de bilan s'explique par ce fait que les dix-huit mille cinq cent vingt-sept francs quatre-neuf centimes dûs par comptes sont d'un recouvrement lent, difficile, très aléatoire et pour la plus grande partie impossible, et que, d'autre part, les quatorze mille sept cent cinquante-neuf francs soixante-et-un centimes de valeurs en portefeuille étaient pour la plupart à échéance éloignée, échelonnées jusqu'à fin janvier mille neuf cent.

Dans ce chiffre de quatorze mille sept cent cinquante-neuf francs soixante-et-un centimes se trouvait compris celui de douze mille trente-neuf francs soixante-seize centimes dûs par L. M... avec l'aval de D...

Ces billets représentent le solde dû par L. M.. acquéreur d'un magasin de détail que David N., exploitait à Alger, concurremment avec son magasin de gros et demi-gros.

Enfin le passif était de suite exigible, notamment une somme importante dûe à la Compagnie Algérienne et au Crédit Lyonnais, tiers porteurs de valeurs tirées sur des débiteurs de la maison et revenues impayées.

A ce moment le chiffre d'affaires de la maison N. avait baissé par suite de mauvais état général des affaires en Algérie et de la crise anti-juive.

Pour faire face à ses paiements immédiats, N.. avait des marchandises qu'il ne vendait pas et des valeurs non négociables.

La cessation des paiements de N. suivi de son dépôt de bilan s'explique donc d'une façon très normale.

Les propositions de concordat dont le projet a été déposé au Greffe, comportait paiement d'un dividende de soixante pour cent, payable à terme et sans abandon d'actif.

Il nous appartient de décider si vous entendez faire pleine et entière confiance à David N., aux mains de qui tout l'actif va rester.

Pour terminer, Messieurs, nous déclarons que, à notre avis, N. doit être classé dans la catégorie des débiteurs malheureux.

David N., nous parait être un honnête commerçant et, en cas de non adoption de concordat pour vous, Messieurs, nous demanderons au Tribunal de Commerce le maintien de la liquidation judiciaire, estimant que la faillite ne doit pas être prononcée.

Alger, le vingt-quatre octobre mil huit cent quatre-vingt-dix-huit.

Voilà pour les poursuites, les liquidations judiciaires et les faillites.

Voulez-vous savoir maintenant ce que pense du commerce juif l'un des plus importants établissements de Banque, lisez la lettre suivante qui a été délivrée par M. le Directeur du Crédit Lyonnais :

CRÉDIT LYONNAIS
Fondé en 1863

SOCIÉTÉ ANONYME
Capital : 200.000.000

AGENCE D'ALGER

Adresse Télégraphique
CRÉDIONAIS — ALGER

« *Alger, le 23 Juin 1898*

» MONSIEUR,

» Répondant à la demande que vous nous avez adressée, nous nous plaisons à reconnaître que les opérations traitées par notre agence avec le commerce israélite indigène d'Alger ont laissé toute satisfaction à notre administration.

« Depuis que notre agence a été créée, les opérations d'escompte que nous avons traitées à Alger avec le commerce israélite se sont élevées à 350 millions environ et le total des pertes que nous avons éprouvées n'a pas dépassé douze mille francs. Cette proportion de pertes peut être considérée comme peu importante.

» Veuillez agréer, Monsieur, l'expression de nos sentiments distingués. »

» *Le Directeur,*

» BERTOYE. »

L'USURE

Nous ne sommes ni assez naïfs ni assez osés pour soutenir qu'aucun Juif indigène ne se livre à l'usure. Mais nous défions toute contradiction sérieuse quand nous affirmons que cette pratique hideuse est commune aux Français, aux autres Européens, aux Kabyles, aux Mozabites et même aux Arabes qui, pour ne point contrevenir aux prescriptions du Coran, ont recours à la vente à réméré (*Rahnia*), véritable source de ruine pour l'emprunteur et dont l'interdiction fait en ce moment, l'objet d'un projet de loi déposé à la Chambre des députés.

Mais de même que personne n'oserait prétendre que tous les Français, tous les Européens et tous les Musulmans du pays sont des usuriers, de même il ne saurait être permis à personne d'affirmer que tous les Juifs le sont.

Ceux qui jouissent d'une certaine opulence et combien sont-ils ? loin de trafiquer de leur argent, l'emploient à des opérations immobilières qui n'ont rien de commun avec l'usure. Les commerçants gros et petits ont plus d'intérêt à consacrer leurs ressources disponibles à leurs propres affaires pour maintenir leur crédit, acheter au comptant et à meilleur marché et augmenter ainsi le chiffre de leurs bénéfices qu'à exposer leurs économies aux aléas et aux multiples dangers de l'usure.

Restent les prêteurs d'argent proprement dit dont nous ne pouvons que flétrir les agissements. Le nombre a pu en être considérable au lendemain de la conquête et dans les années qui l'ont suivie, alors que les capitaux si indispensables au développement de la colonie n'y abondaient pas, leurs heureux possesseurs de la Métropole ne les aventurant qu'à bon escient. Au fur et à mesure que la sécurité s'accentuait dans le pays, les spéculateurs en tous genres, Français et Etrangers, y affluèrent et c'était à qui s'y livrerait au trafic de l'argent : l'usure qui ne constituait pas de délit et ne provoquait pas les clameurs qu'elle soulève aujourd'hui non sans raison, y régnait en maitresse.

Tout le monde, c'est-à-dire tous ceux qui étaient en situation de la faire s'y livrèrent sans scrupule et les juifs n'eurent aucune raison de ne pas suivre le courant, ajoutons pour être vrai jusqu'au bout, que si ces derniers ont su rapidement se faire une clientèle, c'est parce que les emprunteurs trouvèrent plus d'avantages à traiter avec eux qu'avec les Schylock de grande envergure et de toute nationalité qui les rançonnaient sans pitié. Si, à l'appui de notre dire, nous voulions citer tous les noms de ces grands exploiteurs cosmopolites qui se pressent au bout de notre plume, les anciens du pays et nombre d'antijuifs de nos jours, pour peu qu'ils aient le culte de la vérité, affirmeraient la véracité des faits que nous exposons.

Pour ne pas surcharger le tableau, nous passerons sous silence certains établissements de crédit fondés, dans l'intérieur, dans le but apparent d'enrayer la marche de l'usure et de favoriser l'agriculteur, et certains banquiers de contrebande dont les noms sont sur toutes les lèvres et qui doivent de n'être pas cloués au pilori public à leurs opinions antisémites.

Au mépris de toute justice les Juifs indigènes sont seuls accusés d'avoir arrêté, au moyen de pratiques usuraires l'essor de la colonisation, d'avoir dépouillé les Arabes et ruiné les colons dont les terres et les concessions auraient passé entre leurs mains « crochues ».

C'est là une de ces accusations banales qui, répétées et colportées avec la plus insigne mauvaise foi, ont malheureusement trouvé créance en France où les feuilles judéophobes l'exploitent avec l'âpreté que l'on sait. On a beau les mettre en demeure de citer les noms des victimes des exactions juives, victimes dont le nombre justifierait leurs perfides déclamations. Ils se renferment dans leurs affirmations et les calomnies de ces Baziles continuent leur œuvre.

L'usure se manifeste et se traduit par les poursuites judiciaires des prêteurs à l'encontre de l'emprunteur et elle complète son œuvre néfaste par l'expropriation de celui-ci.

En consultant les registres des greffes de nos tribunaux on constatera aisément que le nombre des demandes en paiements introduites par des Juifs indigènes contre leurs emprunteurs, pour prêts d'argent, est absolument dérisoire.

Quant aux expropriations forcées qui seules pourraient justifier les incessantes clameurs que déchaîne le veau d'or, voici une statistique qui, nous osons l'espérer, sera assez éloquente pour désarmer les antisémites les plus acharnés.

Dans l'arrondissement d'Alger les expropriations poursuivies, dans les cinq dernières années, par des israélites indigènes ont été de 9 contre les colons et de 17 contre les Arabes, soit de 26 pour toute la période quinquennale.

Dans l'arrondissement de Bel-Abbès, elles ont été de 6 contre les colons et de 7 contre les Arabes.

Ces données, statistiques partielles qui n'ont aucun caractère officiel, mais dont l'exactitude peut-être facilement vérifiée. seraient à n'en pas douter les mêmes que nous obtiendrions dans tout le ressort de la Cour d'Appel d'Alger si nous continuions nos recherches. Elles suffisent à démontrer qu'il faut chercher ailleurs que dans la rapacité juive, les causes qui ont ruiné le colon et dépouillé l'Arabe, si toutefois la ruine du colon et de l'Arabe n'était pas encore une de ces légendes créées et propagées par les Machiavel, les Loyola et les Loriquet de l'antisémitisme de l'Algérie et d'outre-mer : ce qui pour nous, vieux Français et vieux Algériens ne fait l'objet ni d'une hésitation, ni d'un doute.

Nous ne nous pardonnerions pas de ne pas mettre sous les yeux de nos lecteurs les réflexions si justes, si sensées que la question d'usure a suggérées à un homme dont l'opinion fait autorité en Algérie, à M. Aumerat le doyen de la presse algérienne, réflexions que nous trouvons dans une plaquette publiée par lui en 1885, sous le titre : « ***L'antisémitisme à Alger*** ».

« Il ne faut pas se méprendre, dit un historien, sur la qualification d'usurier appliquée exclusivement aux juifs ; les usuriers chrétiens furent longtemps en position de les éclipser. Plus tard, opprimés par les taxes qu'ils payaient, ruinés par l'exil, impitoyablement massacrés par les chrétiens, il ne leur était pas possible de se montrer scrupuleux sur le choix de leurs moyens d'existence. Ils furent heureux de pouvoir enlever aux Florentins quelques faibles restes de leur proie.

» Jusqu'au moment de leur émancipation, les Israélites ont bien été forcés pour assurer leur existence de se livrer au commerce de l'argent, presque le seul qui leur fut permis avec les vicissitudes de leur état, l'incertitude où ils étaient, soit à l'égard de leur sûreté personnelle, soit à l'égard de leurs propriétés, et les obstacles de tout genre que les règlements et les lois des nations, opposaient au libre développement de leur industrie et de leur activité. (Grand Sanhédrin).

» La situation des Juifs en Algérie était moins mauvaise que celle de leur coreligionnaires des états européens autres que la France, et moins mauvaise aussi que celle dont leurs coreligionnaires de la Métropole avaient été délivrés par la Révolution de 89, qui en a fait, au grand profit de la France et au leur, des citoyens français.

» Depuis plusieurs siècles les Israélites algériens n'avaient subi d'autres persécutions que celles que leur avaient fait subir les Espagnols dans les villes de l'Algérie qui étaient au pouvoir de ces derniers : Bougie, Tlemcen, Oran.

» Expulsés même de cette dernière ville en 1666, ils ne purent y revenir qu'en 1792, lorsqu'après un tremblement de terre les Espagnols, l'eurent quittée définitivement.

» Pas plus que les chrétiens, les juifs ne pouvaient acquérir des propriétés foncières dans l'ancienne Régence, mais ils pouvaient se livrer à toutes les opérations commerciales et exercer toutes sortes de métiers, aucun genre de commerce, aucune industrie ne leur étaient interdits.

» C'est ainsi que les Français en arrivant en Algérie, trouvèrent les Israélites exerçant tous les métiers, monopolisant en quelque sorte le commerce de l'Afrique septentrionale, mais — quoi qu'on en ait dit — ne pratiquant pas l'usure.

» Nous n'avons rien trouvé dans les brochures publiées au lendemain de la conquête de relatif à l'usure et nous avons toujours entendu dire par les anciens habitants du pays — et nous en avons connu beaucoup dans notre jeunesse, — que l'usure était à peu près inconnue sous le gouvernement des Deys ; qu'avant 1830, il n'y avait pas eu en Algérie et ne pouvait pas y avoir d'usuriers.

» Nous ne prétendons pas que parmi les Israélites de ce temps-là, comme parmi les chrétiens et les musulmans, on n'aurait pas trouvé des individus capables de prêter à gros intérêts, mais seulement constater un fait et en faire connaître la cause.

» L'usure n'existait pas parce que les causes qui la font naître n'existaient pas. Il n'y avait pas d'usuriers parce qu'il n'y avait pas d'emprunteurs.

» Les causes principales de l'usure sont : la dissipation, la prodigalité, d'une part, et les spéculations aventureuses d'autre part. Ni les unes ni les autres ne pouvaient exister à Alger ou dans les grandes villes de l'Algérie.

» Le mariage y prenait l'homme à quinze ans, une discipline rigoureuse régnait dans toutes les familles même chez les musulmans, parce qu'une police inconnue en Europe ne tolérait pas que personne circulât en ville, après le coucher du soleil.

» Il n'y avait que la soldatesque turque qui connaissait le célibat et la licence, et celle-ci ne pouvait guère se montrer prodigue d'un or qu'elle n'avait pas et encore moins dissipatrice d'un capital quelconque.

» Il n'y avait donc ni prodigues, ni dissipateurs. Quant à l'esprit d'entreprise industrielle ou commerciale, on ne le rêvait même pas.

» Ce ne fut qu'après la conquête que l'usure apparut. Elle se développa avec une telle rapidité, prit de telles proportions et se rendit, à ce qu'il paraît, si nécessaire, que le gouvernement français dût non seulement la tolérer, mais la régulariser, la rendre légale et même la faire pratiquer à son profit. Et en effet, une ordonnance de 1834 portait que le taux de l'intérêt était facultatif en Algérie, et qu'à défaut de convention écrite le taux était fixé à dix pour cent, en matière civile, et à douze pour cent en matière commerciale.

» Le délit d'usure fut aboli pour l'Algérie et l'Etat lui-même fit payer à ses débiteurs l'intérêt usuraire de dix pour cent, devenu légal. Il en est toujours ainsi, le prêt à intérêt facultatif est toujours permis, le taux non conventionnel seul a été réduit depuis trois ou quatre ans à six pour cent.

» Après la conquête, les mœurs changèrent brusquement. Il n'y eut plus l'heure du couvre-feu, les jeunes hommes et même les hommes mûrs désertèrent la famille et se livrèrent à des plaisirs nouveaux pour eux ; le jeu et les femmes eurent bientôt vidé les bourses, et par suite, les emprunts à des taux exorbitants, commencèrent à être pratiqués.

» La population civile européenne, venue après la conquête, apporta avec elle le goût de spéculations industrielles et commerciales et, comme les capitalistes étaient rares, les usuriers se présentèrent.

» Ce n'étaient pas des juifs du pays. Les premiers marchands d'argent venaient d'Europe, ils se nommaient : l'un Bel et l'autre Garnier, firent fortune en quelques années, et abandonnèrent l'Algérie en 1840, mais en y laissant de nombreux imitateurs.

» On peut consulter les minutes des notaires de l'époque, on y verra que presque tous les prêts hypothécaires y sont faits par des maisons de banque françaises, à des taux qui sont rarement au-dessous de vingt-quatre pour cent et s'élèvent souvent à trente-six pour cent et au-dessus.

» Nous ne parlons pas des prêts non hypothécaires.

» Qui ne se souvient parmi ceux qui ont vécu, de tous les Gobsecks, devenus riches en biens immobiliers saisis sur leurs victimes indigènes ou européennes ?

» Qui ne se souvient des embarras financiers du premier évêque d'Alger, Dupuch, qui, comptant sur des promesses qui ne furent pas tenues, dût recourir aux marchands d'argent, pour remplir une faible partie de ses engagements, son courtier était un nommé Passerou ; il empruntait un peu partout, à n'importe quel taux. Un bijoutier, nommé Dauvergne, prédécesseur de M. Ott, lui prêta quelque argent à *cinq pour cent par mois*.

» Certes, de pareils maîtres devaient avoir des disciples. Ils en firent parmi les Israélites et aussi parmi les musulmans qui ne furent pas les moins prompts à profiter des préceptes et de l'exemple.

» A Bône, Abdelkerim a laissé une fortune de deux millions, gagnée dans le commerce d'argent et à la faveur de l'intérêt facultatif.

» A Alger, nous avons eu plusieurs banquiers maures, entr'autres le fameux Abderrahman el Kenaï, dont l'avarice est restée légendaire. Ses principaux clients étaient des femmes publiques chez lesquelles il se présentait à tour de rôle, à l'heure des repas, et qui le nourrissaient à titre de supplément d'intérêts.

» C'est notoire !

» Cette industrie lucrative et facile et qui, à la longue, n'a plus de risques parce que les pertes partielles sont largement compensées ; cette industrie, disons-nqus, est pratiquée par des villages entiers en Kabylie ; autour de ces villages on ne voit presque pas de culture, leurs habitants ne vivent qu'en prêtant aux centres des environs.

» A quel taux ?

» Près de Tlemcen, il y a un village dont les habitants, tous colons concessionnaires, font cultiver leurs petits lots par des Arabes, et ne s'occupent que des prêts d'argent, aux taux de 3, 4, et 5 pour cent par mois. Toute la région est tributaire de ces colons banquiers.

» Il serait absurde de dire qu'aucun Israélite ne s'est livré à l'usure, mais on peut affirmé que le nombre des usuriers est chez eux, relativement moindre qu'ailleurs. Ce n'est qu'accessoirement que ce commerce est fait par eux, et tout au plus dans la proportion du vingtième de leurs commerçants. A cet égard, la vérification est facile, les banques reconnaissent fort bien la cause des effets qu'elles reçoivent à l'escompte, et savent distinguer même sous les rubriques d'expédients, les règlements de marchandises et les prêts d'argent.

» Nous ne croyons pas qu'on puisse citer une seule fortune israélite à Alger, Oran, Constantine et Bône qui ait été édifiée par le commerce d'argent exclusivement.

ALGER
IMPRIMERIE COMMERCIALE, 23, RUE BRUCE
FRANCK ET SOLAL

www.ingramcontent.com/pod-product-compliance
Lightning Source LLC
Chambersburg PA
CBHW070603100426
42744CB00006B/388
9782012678729